2020年
新聞は生き残れるか

長谷川幸洋

講談社

2020年新聞は生き残れるか——目次

序　章　こんな新聞ならもういらない？

オリンピック開催の特別号外を宅配した読売新聞　12
バラエティ番組のディレクターのほうが記者らしい仕事をしている　15
「速報記者」と「ディープ記者」　19

第1章　ジャーナリズムのデフレ敗戦

日本経済新聞の名物コラム「大機小機」の由来　24
ほこりをかぶった経済学の教科書　27
いったい経済ニュースとはなんなのか　29
「日本は米国にやられてしまう」のか？　32
「米国と手を切るわけにはいかない理由」を論じたくない　35
「金融緩和でデフレは脱却できない」という主張だけ掲載　37
経済記者は「マネー」をどう考えるのか　40

デフレの敗戦責任　43

第2章　日銀と財務省に洗脳される記者たち

権威で判断するから言論空間がダメになる　48
自分の頭で考えず財務省の言い分を垂れ流す　51
ポチ記者の好きな「財政構造改革」　53
本当に消費税引き上げが必要だったのか　56
国の借金残高の数字ばかり躍って「日本は財政危機」　58
国の借金をゼロにしたら日銀が困る　61
債務残高を小さくするには国の資産を売却すればいい　66
経済政策を考えるうえで重要な「時間軸」　69
アベノミクスは円安株高を目指しているわけではない　71
成長戦略は霞が関の省益拡大のため　74
解雇規制の緩和にメディアが厳しい裏事情　76
コラム　自分の頭で考えるために　64

第3章　なぜメディアは政策をまともに論じられないのか

「真実を知りたい」と思って仕事をしているか？　80
客観性と公正さに縛られすぎると真実が見えなくなる　82
多様な意見を伝える悩み　84
池上彰と田原総一朗の対照的なスタイル　86
テレビが流す「街の声」という欺瞞　89
税金を配って税収を増やそうとした民主党の誤り　92
メディアは政治家が言わない話に迫れ　96
「政治の正統性」に鈍感なメディアの体質　98
安倍政権では改憲できない理由　100
政治は政治部、裁判は社会部の縦割り組織　103
「報道は真実で客観的なもの」という思い込み　106
情報源が匿名になる真の理由　109

第4章　ジャーナリストの仕事、私の流儀

「左翼崩れ」が「ネオコン」に？　114
夢想家ほど政策をイデオロギーで語りたがる　118
テレビと新聞の仕事はまったく別物　121
事前に書いてからテレビで話す　125
田原総一朗の名言「ジャーナリズムの反対はマンネリズム」　128

第5章　新聞を出し抜くネット・ジャーナリズム

取材相手に会わずに突き止められた復興予算の流用　132
ネットで入手した基礎情報こそが重要　134
ジャーナリストも国会議員も元データをチェックしていない　136
官僚の話には残り1割に嘘がある　139
要約版ではなく生資料を当たれ　141

大慌てで火消しに走った財務省主計局　144
大学院での勉強がジャーナリズムに役立つ　146
体当たり取材の限界　149
アウトサイダーの意地　152

第6章　メディアと政府の関係を変える「オープン・ガバメント」

予算情報の公開は民主党政権の適切な戦術だった　156
事業仕分けで評価すべきは「行政事業レビューシート」　158
ネットでの情報公開を通じた予算監視が可能に　161
情報の二次加工が不得意なマスメディア　164
ネットで知った「汚染地図」　166
メディアには生データの整理分析能力が必要　169
データ・ジャーナリズムの意義を理解しない大手メディア　173
グーグルがスポンサーをするデータ・ジャーナリズム賞　176
読者目線でやってみる　179

第7章　ジャーナリズムが生き残るためにすべきこと

「取材相手に信頼される記者」になる必要があるのか　182
官僚によって都合のいいように使われる「特ダネ」　184
官僚の受け売りで目くらましの話を書いてはダメ　186
記者会見場にあふれる「トリテキ」　190
これからの記者に必要な三つのタイプ　192
記者は自分の頭でモノを考え取材対象に迫っているか　195
転機となった小沢一郎の「ニコ生」出演　198
ネットは新聞と違って完全にガチンコ　201

特別収録　大鹿靖明インタビュー

206

終章　職業ジャーナリストは何で食っていくのか

だれでもメディアを手にし、だれでもジャーナリストになれる　218
読者が支持しなければ、即廃業　221
新聞は読者に目を向けているか　225

注釈　228

装幀　遠藤陽一（デザインワークショップジン）
表紙写真　ＡＰ／アフロ

序章

こんな新聞ならもういらない？

オリンピック開催の特別号外を宅配した読売新聞

2020年オリンピック・パラリンピック東京開催が決まった2013年9月8日の翌日月曜日、玄関に新聞を取りに行った人は「あれっ」と思ったに違いない。その朝、朝刊はなかった。新聞休刊日だったからだ。新聞社に勤めている私でさえ、その日が新聞休刊日であることをすっかり忘れていた。それくらい五輪招致決定の興奮が残っていたのだ。新聞を読んでもう一度、感激の余韻を味わいたいという人々の期待は見事に裏切られた。

だが、新聞がなかったからといって失望感が膨らんだかと言えば、それほどでもない。東京五輪決定のニュースはテレビで繰り返し報じられていたし、インターネットでもリアルタイムで速報が続いていた。

何十年に一度あるかないかの大ニュース、それも多くの国民が喜ぶ吉報であったにもかかわらず、翌朝の新聞はなかった。しかも少数の例外を除いて、業界横並びで、である。

例外の1社は読売新聞だ。読売新聞はこの朝、特別号外と称して全国で約842万部の新聞を配った（＊1）。号外は普通、繁華街や駅頭で配ったりするものだ。たいていペラ1枚、裏表に印刷されていればいいほうである。

ところが、読売の特別号外は全部で16ページ、しかも宅配した。私は自宅で読売もとっているが、特別号外を手にしたとき、ぎょっとした。記事自体はネットが報じている内容に事前取材した内容を加えた程度で、べつに五輪がらみの特ダネが載っていたわけではない。

それでも、他社が繁華街や駅頭での号外配布にとどまったことを考えれば、販売店を動員して宅配までした読売の姿勢には感心した。「ニュースを読者に伝える」という新聞の原点に忠実だったと思う。

もしもこのとき、新聞という業態が発足間もない原初的な事業だったとしたらどうか。経営者は競って新聞を発行しただろう。読者に新聞の価値を知ってもらう絶好の機会だったからだ。だが、そうはならなかった。

もちろん他社にも言い分はあるだろう。配達員に休みを与えるのは大事なことだ。こういう抜け駆け的なことを許してしまえば、業界の秩序は成り立たず、やがて販売店と配達員、社員にしわ寄せがくる可能性もある。だが、それは新聞社と業界の事情である。肝心なのは読者であるはずだ。新聞はいつの間にか読者よりも内輪の事情を優先する業界になっていた。

読者からみると、東京五輪決定の翌朝に新聞がなかったという事実を前に「新聞がなくても困らない」と実感してしまったことになる。この体験はこれから2020年の東京五輪に向けて、じわじわと深い影響を与えるのではないか。

大事件が起きると、まずテレビをつけ、ネットにつなぐ、という動作がすでに人々に定着している。東日本大震災以降は携帯電話を使ってツイッターなどのソーシャルメディアにアクセスするのも普通になった。

新聞の震災報道はどうだったかと言えば、テレビやネットが伝えきれない事実を克明に、しかもビジュアルに伝える役割を果たした。一方で、テレビが伝えた報道をそのままなぞったような記事も相変わらず少なくない。今回の五輪でも、各社は9月9日月曜日の夕刊から報道を始めたが、第一報の本記はテレビやネットが伝えた内容を繰り返すにとどまっていた。新聞はすでに速報競争から脱落している。

新聞がテレビの第一報を繰り返すところから始めるのは、基本的には「新聞しか読んでいない読者もいる」という前提に立っている。「新聞は歴史だ」という考え方もある。第一報がなく、いきなり途中経過から報道を始めれば、後世の読者は「いったい五輪東京招致はいつ、どうやって決まったんだ」と戸惑うだろう、という話である。

バラエティ番組のディレクターのほうが記者らしい仕事をしている

速報競争で完全にテレビとネットの後塵を拝しながら、それでも第一報からスタートせざるをえない新聞は、7年後の東京五輪でいったい、どんな報道を展開するのだろうか。

まず、携帯を含めた通信やネット技術は間違いなく、いまとは比較にならないくらい進歩している。いまはスマートフォンやタブレット端末が主流だが、もしかしたら、そんなものはなくなっているかもしれない。たとえば、世界的なベンチャー投資家として有名な原丈人《はらじょうじ》は、かねて「パソコンはなくなる」と言っている。

2013年3月、私も招かれた兵庫県・淡路島で開かれたIT会議で、原はすでに「パソコンの代わりに登場するのは眼鏡の端末だ」と言っていた。ネット技術を装備した眼鏡でメールを見たり情報を検索したりする。これは、たとえば「グーグル・グラス」として実用化の段階に入っている（＊2）。

眼鏡ではなく、腕時計型の端末もある。「パソコンがなくなる」という予測が本当なら、「五輪情報を机上のパソコンで知る」という世界ですら、2020年には過去のものになっているかもしれないのだ。

テレビは生き残っているだろう。美しい映像と記録媒体化、ネットとの融合はますます進み、ライブはもちろん、好きなときに好きな競技を家庭の大画面で、あるいは眼鏡や腕時計型の端末で見るという世界になっているかもしれない。

そこで新聞だ。新聞はいったい、何を伝えるのか。

まず「テレビやネットが伝えない読者のニーズを埋める」のが基本である。テレビやネットの後追いをするだけなら、なにも購読料を払って新聞を読む理由はない。新聞にしかできない仕事をするのだ。それは何か。

ニュースの背景や裏側にある事情を探っていく。それはもちろん重要だ。だが、そういう仕事はテレビも挑戦している。報道番組はもちろんだが、昼のワイドショーや「ビートたけしのTVタックル」のようなバラエティ色のある番組も、ニュースの裏側に迫ろうとしている。

役所の発表を待って記者クラブで一日の大半を過ごす記者に比べれば、バラエティ番組のディレクターたちのほうが、はるかに本来の記者らしい仕事をしている、と言ってもいいくらいなのだ。そうだとすると、新聞が背景や裏事情を探るのは当たり前すぎて、それだけではもの足りない。

私は、「人々の内面に迫っていく」という仕事があるのではないか、と思う。たとえば、スポーツ選手が活躍する背景には、肉体的トレーニングの成果もさることながら、実は「なぜ挑戦するのか」とか「がんばれる動機は何か」「どうやって苦しさを克服するのか」といったメンタル部分も大きな比重を占めている。

それを活字で伝えていくのだ。テレビもインタビューなどで選手の内面に迫る仕事をしている。だが、活字で選手の内面を描くのは、言葉や本人の仕草で伝えるのとはまた違った深みがあるはずだ。

なにより、私自身がそういう文章を読みたい。面白ければ、繰り返しても読みたい。なぜ戦うのか。それはスポーツ選手だけでなく、社会で生きるすべての人にとって、子どもにも大人にもヒントになるだろう。勝敗という厳しい一瞬にかけるスポーツ選手であるからこそ、そこには凝縮したストーリーがあるはずだ。それを描くためには、選手はじめ関係者への徹底的な取材が必要になるのは言うまでもない。

本人がカメラに向かって喋るのではなく、話を聞いた記者が活字にするからこそ、主役の選手と同時に「記者」という存在も、読者の前に立ち現れる。それこそがジャーナリズムの存在証明にもなるだろう。

それから「事実の掘り起こし」である。テレビは同時進行メディアだ。いま起きている現場の瞬間をライブで伝える作業はテレビに勝るものはない。そこにカメラとマイクがありさえすればいい。ときには記者の音声すら不要になってしまう。だが、テレビカメラが切り取った事実だけが事実ではない。

忘れがちだが、「報道されたものだけが事実」ではないのだ。カメラから切り落とされた、暴露されていない事実はたくさんある。それを新聞が後から検証して、掘り起こしていく。もちろんテレビもそういう仕事をしているが、丹念に証言や資料を拾い集めて、事実を再構築していく作業は活字の新聞にこそ適している。

「主役以外の脇役に焦点を当てる」という手法もある。メディアの現場には「みんなが知っている人の知らない話がニュース」という発想がある。逆に言うと「だれも知らない人の知らない話はニュースではない」。それでも伝えるべき大事な話はあるに違いないが、「みんなが興味をもつかどうかが勝負だ」という考え方に徹してみる。

そのうえで少し変形すれば、「みんなが知っている人の脇役の話もニュース」になるのではないか。時間の制約があるテレビは主役に焦点を当てる。もちろんコーチや裏方の話も伝えているが、新聞が意図的に脇役を主役にして「どうやって勝負の瞬間を迎えたか」を描いていく。脇役の取材を通して、新たな事実が掘り起こされていく効果もあるだろう。

これらはスポーツ報道に限った話ではない。政治や経済の報道でも同じだ。政治家の決断の瞬間を内面にまで迫っていこうとしたら大変だが、時間をかけた取材を通して、脇役や舞台裏から新たな事実に迫っていくような記事を読みたい。それには新聞というメディアが一番、適している。

「速報記者」と「ディープ記者」

ネットについても触れたい。

だれでも知っているように、ネットによる報道も実は既存のメディアが中心になっている。とりわけ新聞だ。新聞は紙の媒体で報道すると同時に、ネットでもニュースを配信している。今回の五輪報道でも、紙はお休みだったが、ネットでは配信を続けていた。取材記者は現場にいて、キーボードを打ち続けていたのだ。

7年後の2020年も朝刊、夕刊の締め切りに関係なく、きっと新聞記者たちはネット速報に合わせて五輪の報道を続けるだろう。そうだとすると、新聞記者はネット中心の「速報記者」と紙媒体向けに掘り下げた取材をする「ディープ記者」（こんな名称が適当かどうかわからないが）に分かれていくかもしれない。

新聞経営者がそう志向するかどうかは別にして、現場は否応なく二手に分かれていかざるをえない。なぜなら、同じ一人の記者が速報記者とディープ記者の仕事を兼ねるわけにはいかないからだ。それを目指したら、蛇蜂取らずになってしまう。昼間は他社と速報競争しつつ、夜は深く潜行した取材をしていたら寝る時間もなくなる。

新聞社によっては、速報は通信社にまかせて、自社記者はディープ取材に徹するという道もあるだろう。紙媒体だけでなく、ネット速報も実質的に通信社まかせにしたって不思議ではない。ずばり言えば、新聞本体は思い切って速報競争から撤退するのだ。

東京五輪は新聞に変革を迫る機会になる。新聞はいったい何を伝えようとするのか。国民すべてが注目する大イベントで、新たな役割を見出し損なった新聞は次の時代を生き残れないかもしれない。

米国では、とっくに地方新聞の大淘汰が起きている。日本の新聞が例外である保証はどこにもない。東京五輪招致が決まった翌日に朝刊を出さなかった事実は、「新聞大激動」の幕開けを告げているのだ。

私は新聞社に勤めて36年になる。途中から雑誌やテレビ、ラジオ、インターネットでの仕事も始め、ジャーナリズム自身のあり方にも批判的な目を向けてきた。そんな経験を基に、本書では新聞、テレビ、インターネットなどメディアを取り巻く環境の激変と将来のあり方を考えてみた。講談社のメールマガジン「現代ビジネス・ブレイブ」に連載してきた「ニュースの思考法」というコラムが本書の骨格になっているが、大幅に加筆修正を加えている。

メディアの内側に身を置きながらメディア自身の問題点を指摘するのは、ときに摩擦も引き起こす。だが、そうした試みが読者、視聴者のより深い情報活用力（メディア・リテラシー）につながれば幸いだ。なお、本書では文中の敬称を略した。

第1章

ジャーナリズムのデフレ敗戦

日本経済新聞の名物コラム「大機小機」の由来

新聞を開いて、あなたは最初にどのページから読み始めるだろうか。第1面か、後ろの社会面か、あるいはテレビ欄か。ビジネスの第一線で働く社会人なら「経済面から」という人もいるはずだ。日本には、日本経済新聞という経済ニュースを売り物にした新聞もある。それくらい経済ニュースへの需要は高い。

だが、ここで根本的な問いがある。なぜ人々は経済ニュースを読むのだろうか。

正直に言うが、私はかつて経済ニュースにまるで興味がなかった。新聞社に入って地方支局から本社に上がってきたときに、たまたま経済部に配属されてしまったために経済面を読むようになったにすぎない。自分自身、関心がなかっただけに、人はなぜ経済記事に興味を持つのか、そこからよく考えてみないと話が始まらないと思うのだ。

読者の多くは、おそらく「ナマの経済の動きを知りたいから」と答えるだろう。ずばり「カネ儲けがしたいから」という人もいるに違いない。いずれにせよ、役に立たない新聞に読者はつかない。

だから、日本だけでなく米国にも欧州にも経済専門紙が存在するという事実は、「経済の動きをつかんで、自分の仕事（あるいは生活向上）に役立てたい」というニーズがあることを示している。それは確実だ。では、経済記事を読むとどう役立つのか。

日本を代表する経済紙である日本経済新聞には「大機小機」という名物コラムがある。いまは「マーケット総合2」というページに掲載され、経済全般をテーマにしているが、早稲田大学政治経済学術院の若田部《わかたべ》昌澄《まさずみ》教授によれば「昔は株式銘柄を扱っていた」そうだ。なぜ、こういうタイトルになったか不明だが、一説にはタイトルが示すように「大きなチャンスと小さなチャンス」、つまり「この株を買えば、それなりに儲かりますよ」という具合に推奨銘柄の紹介に近いコラムだった、という。

そんなコラムの由来を考えると、人々がなぜ新聞の経済欄を読むのかがわかる。ずばり、儲かるチャンスがあるからだ。読者は新聞記事を自分の投資に役立てていた。株式欄もそうだ。株式投資をしない人には、それは単なる数字の羅列にすぎない。しかし投資家にとっては、前日の相場をチェックする大事な欄だった。

私は経済記者になりたてのころ、「なんで、こんな数字の表に貴重な2ページを使っているのか」と思ったものだ。朝刊だけでなく夕刊にもある。新聞記事とはもっと高邁《こうまい》で、世の中の真実を深くえぐりだすものではないか、と単純に思い込んでいた。「数字を見たって世の中のことはわからないじゃないか」。そんな感じである。

だが、読者は「高邁な世の中の真実」を知りたい人ばかりではなく、「俺が持ってる株が値上がりしたかどうか」のほうがよっぽど大事、というニーズもあったのだ。そういう読者にとっては、記者が書いた記事より株価表のほうが、はるかに価値があった。そこが若い私にはわからなかった（実は、いまでも「株式欄なんか、だれが読むんだ。いらないぜ」とのたまうベテラン記者がいたりするのだが）。

株式欄について「大事な欄だった」とか「価値があった」と過去形で書いたのには理由がある。いまは時代が違う。前日の相場をチェックしたいなら、新聞を読まなくてもインターネットでいくらでも調べられる。前日の相場どころか、リアルタイムの値動きチェックだって可能である。

そうだとすると、いま新聞の株式欄に何の意味があるのだろうか。

新聞しか見ないお年寄りとかネットは苦手という投資家もいるだろうから、そういう人には意味があるだろう。だが、かつてのように新聞の株式欄だけが頼りだった時代とは、いまはまったく環境が変わってしまった。

先の日経コラムに戻れば、昔は推奨銘柄の紹介に価値があったとしても、いまでは証券会社や投資コンサルタントがネットやその他の手段で、いくらでも推奨銘柄を紹介している。だから、推奨銘柄紹介コラムの相対的価値は薄れていく。だからこそ、いまのコラムは経済全般をテーマに扱うようになったのかもしれない。

ほこりをかぶった経済学の教科書

経済記事が読まれる意味の一つは、ここにある。

カネ儲けに直結する情報は、新聞が伝えなくても、いまや無数にある。どういう株を買えば儲かるか、という話は証券会社などが競って教えてくれる。だが、本当に「その情報が正しいか」となると、投資家は実はよく判断できない。

そこで個々の株の裏側にある経済の事情を深く知りたい、というニーズが出てくる。経済全体の状況を理解することで、証券会社などが推奨する投資が本当に儲かるかどうか、投資家＝読者自身が判断する手がかりになるのだ。若田部は言う。

「かつて経済ニュースとは株式欄そのものでした。原初的な経済ジャーナリズムですね。だが、いまでは違います。投資するには一種の『拠りどころ』が必要になる。なにか、基準ですね。たとえば過去の事例に遡って調べるというように。普通の人が効率的に過去を学ぼうとすると、実は、それが学問なんです」

「投資活動には経済学の知識が不可欠になりました。新聞がそんな投資家を相手にしようとすれば、まともな経済評論を掲載しなければならない。だからこそ経済記者はまず、きちんとした経済学を身に付ける必要があるのです」

私は、若田部の指摘はまったく当然のことだと思う。だがジャーナリズムの現場では、けっして当たり前ではない。私自身の例を引き合いに出そう。

私はいまから三十数年前、勤める新聞社で経済部に配属されたとき、いったい何をどう書いたらよいのかわからなかった。そこで、とりあえず配属された記者クラブの机に用意したのは、大学時代に買っておいた根岸《ねぎし》隆《たかし》という高名な東大教授が書いた経済学の教科書だった。

単純に「経済部なんだから、とりあえず経済学の知識が必要なんじゃないか」という発想である。だが恥ずかしい話だが、最初の数ページをちらっと見ただけで結局、読み通すことはできなかった（実は、学生時代もしっかり読んでいない）。

読み通す根気がなかった面もあるが、そもそも、そんな教科書は日々の仕事にまったく必要なかったのだ。役所や銀行、会社の記者発表を聞いて、それを定型にしたがって記事に仕立てていれば十分だった。一段落して夕方になれば、取材相手との夜の懇談もある。

ベテランの先輩記者に誘われるまま、後についていって何軒か店をはしごして楽しいひときを過ごす。それで、あっという間に数年が過ぎた。根岸の教科書は結局、机の上でほこりをかぶってしまった。いつの間にか処分してしまったのだろう、いま私の手元に教科書は残っていない。

いったい経済ニュースとはなんなのか

いまでも経済部に配属されて、かつての私のように「いったい何を書いたらいいのかわからない」という若い記者がいるに違いない。それは「経済ニュース」とは何か、うまくイメージできないからだ。

社会部だったら事件事故、政治部だったら永田町の権力闘争、外報部だったら世界のニュースというように、他部であればターゲットは比較的、はっきりしている。だが、経済部となると「?・?・?」という記者は必ずいるはずだ。

まず、経済は目に見えない。騒々しい事件や事故の現場がない。偉そうな政治家もいない。外報部記者がとりあえず頼りにする外電もない。会社の記者発表とか、話をしてくれる取材相手がいたところで、その話がはたして新聞が報じる価値のあるニュースなのかさえ、よくわからない。

つまり、最初に戻って「いったい経済ニュースとはなんなのか」という根源的な問いにぶつかってしまうのである。

現役の取材記者を退いたいまになって、私は若田部が言う「経済記者には経済学の知識が必要」という意味がわかる。私が経済部に配属されて最初に根岸隆の教科書を引っ張り出してきたのは、実は正しかったのだ。

だが、実際の仕事にはまるで必要なかった。少なくとも必要ないように思えた。そこにこそ、私は日本の経済ジャーナリズムが抱えている問題の根源があるように思う。経済記事と経済学が分離してしまっているのである。少なくとも、なりたての経済記者にとっては。

こう書くと「そんないい加減な仕事をしてきたのはお前だけだ。普通の記者は、もっとしっかり基礎から勉強している」という批判が飛んでくるかもしれない。たしかに、経済専門紙の記者なら若いころの私などより、はるかに勉強しているだろう。入社試験も難しい。

だが、若い経済記者たちがみんな経済学をきちんと勉強しているかと言えば、そんなことはない。中には、学生時代は英文学や法律を学んでいたという記者もいるのだ。

記者の取材相手である官僚はどうか。

官僚は公務員になるための試験をパスしなければならないから、記者に比べれば、もう少しきちんと経済学を勉強している。財務官僚なら入省直後に理論研修が用意されていて、たとえば、いまは日銀副総裁になった岩田規久男《いわたきくお》が大学教授時代に若い財務官僚にマクロ経済学を教えていたりした。日銀マンも当然ながら、経済学の知識はそこらの新人の経済記者より、はるかに豊富である。

だが、ほとんどの記者はそういう組織的、系統的な訓練を受けていない。そもそも、かつての私のように経済自体に興味がなかったりする。そこを出発点に考えると、日本の経済ジャーナリズムというのは、いったい何を基準にして記事を書いているのだろうか。たとえば、投資活動の役に立つような背景の経済状況を適切に伝える、といった報道ができているのだろうか。報道から一歩踏み込んで、若田部が指摘したような「まともな経済評論」ができているのだろうか。私はできていないと思う。

なぜかと言えば、一つの大きな理由は、そもそも記事を書く基準がはっきりしていないからだ。基準と言ったら硬直にすぎるかもしれない。言い換えよう。「共通理解のようなもの」が形成されていないのである。

そこで問題だ。経済ジャーナリズムを考えるのに、基準あるいは共通理解のようなものはあるのだろうか。あるいは必要なのだろうか。

「日本は米国にやられてしまう」のか？

回り道のようだが、経済ジャーナリズムではなく「経済学」という学問の世界では「考える基準」はあるのか、若田部に聞いてみた。若田部が言う。

「私はインセンティブとトレードオフ、それにトレード、マネーという四つの軸で考えています。インセンティブというのは、自分が『やりたい』と思うこと。でも、実際には選択肢に限りがある。それを経済学では制約条件と言ったりしますが、そこから『トレードオフ』という2番目の軸が出てきます」（＊3）

トレードオフとは、たとえば予算に限り（制約条件）がある中で、冷蔵庫を買い替えれば、エアコンの買い替えはあきらめざるをえない、といったことだ。つまり、どれか一つを選べば、他の一つを捨てる（オフ）。「あちらを立てればこちらが立たぬ」と理解してもいい。

「それからトレード。つまり取引です。互いが自発的に物やサービスを交換するのは、双方に利益があるからですね。この原理で考えれば『環太平洋連携協定（TPP）に入ったら抜けられない』とか『米国がいいようにやっている』なんて話は初めからおかしい。自分に利益がないなら、取引をやめればいい。日本は自発的に自分が得か損かだけを考えて交渉すればいいだけです」

ＴＰＰは交渉に参加したところで、日本が米国に強制されて絶対に締結しなければならない協定ではない。ＴＰＰは貿易をするうえでの枠組みを決める交渉だ。関税の扱いも枠組みの一部になる。だから大きくみれば、ＴＰＰも自発的取引（トレード）の一部である。

そうであるからこそ、ＴＰＰという枠組みを日本が受け入れるかどうかは、最終的に日本自身の判断に委ねられている。具体的には国会が協定を批准するかどうか、である。あるいは協定に盛り込まれた内容を具体化した法案を可決成立させるかどうか、だ。国民の代表である国会議員が「これはダメだ」と思えば、多数決で否決すればいい。

そのプロセスにおいて、どこからみても「米国に強制される」などという話は出てこない。にもかかわらず、日本のメディアでは「米国にやられてしまう」とか「入ったら抜けられない」といった話が大手を振って報じられてきた。それは本をただせば「ＴＰＰも自発的取引である」という根本の原理が、メディアの内部でしっかり共有されていないからだ。

これに対して、国会議員たちが「米国にやられてしまう」などと宣伝するのは勝手である。彼らはそもそも政治的に生き延びることが最優先であって、べつに経済原理を忠実に主張することが仕事ではない。だが、メディアは違う。少なくともメディアはより良い経済社会を目指しているはずだ。

これはごく単純な話で、私はＴＰＰが話題に上り始めた当初から指摘してきた（＊4）。つまりメディアが自発的取引という原理を踏まえて、ＴＰＰを報じようとするなら「米国の強制」という話がいかに歪んでいるか、すぐわかるはずなのだ。ところが、そういう指摘がほとんどなかったのは、どうしてか。

一つには「米国の交渉力は強く、日本は甘いから、してやられてしまう」という話があった。これは民主党の野田佳彦《のだよしひこ》政権について、とくに指摘された。「民主党政権は経験不足で、とてもじゃないが辣腕の米国に太刀打ちできない」というのだ。

たとえば、強力なＴＰＰ反対の論陣を張っている元外務省国際情報局長の孫崎享《まごさきうける》は、私との対談で「そもそも野田首相には日本の運命を左右する能力も思想もない。そういう首相にＴＰＰという日本の岐路を左右するような問題を決めてもらいたくない。ＴＰＰ参加のプラスマイナスを理解して米国と対等に交渉できる政権なら参加してもいいが、今の政権にその能力はない」と語っていた（＊5）。

つまり「ＴＰＰの交渉は、能力があるならしてみてもいいけれど、日本には交渉能力がないからダメ」という意見である。私が対談当時、本人から直接、話を聞いた限りでは、孫崎は頭からＴＰＰ反対ではなかった（その後、意見が変わったのかもしれないが）。

孫崎の立場に立てば、日本にとって真の問題は「ＴＰＰに参加すべきかどうか」ではなく、「交渉能力がある政権を作れるかどうか」こそが課題になる。逆に言えば、交渉能力がある政権を作れなければ、日本には交渉参加という選択肢自体がなくなってしまう。

自分自身の側にある理由によって、日本の選択肢が狭められてしまうのは良くない。国際戦略立案のプロである孫崎も、きっとそう考えるのではないか。選択肢は常にたくさんあったほうがいいに決まっている。いずれにせよ、問題はＴＰＰ自体ではなく日本の側にある。

「米国と手を切るわけにはいかない理由」を論じたくない

別の理由もある。「自発的取引なんて言ったって、実は米国と手を切るわけにいかないから結局、強制と同じじゃないか」という議論である。これもよく聞かれるが、そうだとすれば、直ちに生じる次の問題は「なぜ米国と手を切るわけにはいかないのか」であるはずだ。

そこで、ＴＰＰ問題は貿易自由化という通商交渉の次元を離れて、日本の外交・安保防衛という次元に入ってくる。つまり、日本は米国の軍事力によって守られているから、その米国が主導する通商交渉の枠組みに入らないわけにはいかない、という話である。

私は必ずしも、いつも絶対に米国主導の貿易枠組みに入らなければならないとは思わない。ただ、日本を取り巻く現状をみれば、中国が経済だけでなく軍事的にも台頭し、とりわけ尖閣諸島をめぐって鋭く日本と対立している。北朝鮮による核の脅威も現実になってきた。そういう中では、TPPが外交・安保防衛上、果たす役割は大きいと考える。

しかも、TPPは最終的にアジア太平洋地域全体の貿易自由化を目指す途中経過の枠組みにすぎない。いずれ遠い将来には、中国が国内改革を成し遂げて、入ってくる可能性もある(もちろん現状では難しい)。そんな大きな見取り図の中では、日本がいまのタイミングでTPPに参加するのは正しい選択であると思う。

話を戻せば、もしも外交・安保防衛上の理由から、米国と手を切るわけにはいかないとしても、それは「米国の強制」ではなく、やはり日本自身の選択である。

なぜなら、日本にはそういう選択をしないで、別の道もあるからだ。日本は米国と手を切ることもできる。そうすべきだと主張する政党も有識者もいる。「日本は核武装して独自の軍事国家になるべきだ」という日本維新の会共同代表の石原慎太郎《いしはらしんたろう》のような意見もある。私は賛成しないが、それはそれで一つの選択である。

外交・安保防衛上の要素を視野に入れたとしても「米国の傘の下に入る」のは、やはり日本の選択(=米国との自発的取引)なのだ。にもかかわらず、米国の強制という乱暴な議論が大手を振ってメディアにまかり通ってしまうのは、なぜなのか。

それは、メディアが「米国と手を切るわけにはいかない理由」を真正面から議論するのを、実は暗黙の内に避けていることが一因なのではないか。

私は日本がＴＰＰ参加をめぐって米国との事前交渉に合意したとき、東京発行の主要６紙の報道と社説をチェックしてみた。

すると、わずかに朝日新聞が社説で「（ＴＰＰ参加の）意義と効果は経済面にとどまらず、政治・外交面にも及ぶ」（２０１３年4月13日付）と書き、毎日新聞は「対中国・北朝鮮で米国と連携を保つためにＴＰＰ参加は不可避との声が強かった」（同）という政府関係者の声をごく短く紹介したくらいで、日米同盟や外交・安保防衛上の評価に正面から触れた記事はほとんどなかった。

つまり、メディアは本音では「米国が加わるＴＰＰに入っていたほうがいい」と思っていても、建て前では「日本は米国と手を結んでいたほうが得だから、ＴＰＰに参加する」といった報道や論評をしたくない。それだと安倍晋三《あべしんぞう》政権の批判にもならない。だから「米国の強制」という話を放置してしまうのだ。いわば「未必の故意」のように。

「金融緩和でデフレは脱却できない」という主張だけ掲載

経済学で言うトレード（自発的取引）という原理を記者が踏まえず、しかも「日米同盟の中にいる日本」という国の立ち位置について、メディア自身が評価をあいまいにしたまま報道や論評をする限り、「TPPという取引」の真の意味合いは読者に伝わらない。むしろ「米国にやられてしまう日本」といった自虐的なイメージばかりが増幅してしまう。

若田部が提示したトレードという軸は、いびつなTPP報道の例をみただけでも、経済ジャーナリズムの世界でも十分、通用する基本軸であると思う。

そこで四つ目の軸を挙げる若田部の話に戻ろう。

「それはマネーです。これはデフレにかかわっています」

デフレは日本経済を15年間にわたって苦しめてきた。いまでこそ安倍政権が提唱したアベノミクスの下、黒田東彦《くろだはるひこ》日銀総裁が史上最大の金融緩和に踏み切って「いよいよデフレを脱却できるか」という期待感に包まれているが、デフレが始まった初めのころはそうではなかった。

「物価が下がるのは消費者にとっていいことだ」といった議論が、これまたメディアにまかり通っていたのだ。いまでも、たとえば「金融緩和でデフレは脱却できない」という議論がある。その代表例は、2013年2月27日付朝日新聞のオピニオン面に掲載された一橋大学大学院の齊藤誠《さいとうまこと》教授の次のような意見だ。記者の質問に齊藤はこう答える。

――そもそもデフレは日銀のせいなのですか。

「みんな金融政策の責任にすりかえようとしていますが、２００８年のリーマン・ショックまで数年間のデフレの要因は、日本経済の国際競争力が弱くなったからです」

――ではどうしたらいいと？

「中国などの新興国が急成長しているのに、日本がこれだけ高い生活水準の経済を保とうと思ったら、それに見合う労働の質が必要。いつも学生に言っています。バブル前の貧しい日本とバブル後のバージョンアップした日本では、若い人に求められることが違う。こんなに賃金が高い国の労働者が韓国や中国と同じことをやっていたらだめ。一人ひとりがきっちりトレーニングしないといけない。そこは掛け値なしにしんどいので、みな目をそらしています」

アベノミクスの効果についても、齊藤の意見はこうだ。

――国民には、アベノミクスで景気が回復して、賃金も増えて暮らしが良くなると思っている人が多いのではないでしょうか。

「その期待には最終的に反してしまうと思います。エネルギー、食料の価格が上昇しているところに円安が進めば、ガソリンや灯油、野菜の値段はさらに上がる。給与明細の額が増えても必需品価格がもっと上がれば、暮らし向きは悪くなります。株高や輸出回復で勝ち組が出ても、一方で負け組も出る。小泉構造改革で問題になった『格差』がもっと顕著になる可能性があります。円安一辺倒でやっていていいのかどうか」

若田部は「デフレの原因はマネーの供給不足にある」と考えている。だが、日本の学者の中には「マネー不足が原因ではない」とする意見がある。朝日新聞は後者の立場に立って、その代表選手として齊藤の意見を1ページ使って紹介した。ここをどう考えるか。

経済記者は「マネー」をどう考えるのか

経済記者が最初にとまどう問題の一つは「マネーをどうみるか」である。

マネーはつかみどころがない。失業とか倒産なら現実の状況が目に見えるので、苦しさは実感をもってわかる。だがマネーとなると、あれば便利なのはだれもが知っていても、それが景気にどうつながるのかと問われると、抽象的でわかりにくい。

それでもマネーは経済ニュースの中心だ。「株価が上がった」とか「下がった」という記事は「原初的な経済ニュース」だった。為替が「1ドル＝100円に迫った」というような話も日本経済の行方と密接にかかわっている。

いったい、マネーとは何か。これは経済学の問題でもあるが、経済ジャーナリズムにとっても避けては通れない重要な問題である。

そんな大事な話であるにもかかわらず、株価や物価の上げ下げから一歩踏み込んで、「日本銀行がマネーをたくさん出すのはいいことか、悪いことか」という政策の話になると、もうそこで経済学者やエコノミストの間で議論が分かれてしまう。すると、多くの経済記者たちも混乱して何が何だかわからなくなる。

さきほど紹介したように、朝日新聞は齊藤誠にインタビューして、デフレは「日本経済の国際競争力が弱くなったから」であり、デフレを脱却するためには「高い生活水準の経済を保とうと思ったら、それに見合う労働の質が必要。一人ひとりがきっちりトレーニングしないといけない」という齊藤の見解を紙面で伝えた。

このデフレの説明でマネーの話は出てこない。それどころか、齊藤は「みんな金融政策の責任にすりかえようとしている」と指摘している。ようするに「デフレとマネーは関係ない」という立場である。齊藤にインタビューした朝日記者も同じ考えに立っているようだ。

だが、若田部はこう反論する。

「齊藤さんはおそらく、いま（2013年1月）の4・2%という失業率は長期的な自然失業率と思っているんですね。つまり、そこで安定して動かしようがないとみる」

「有名なフィリップス曲線（縦軸にインフレ率、横軸に失業率をとった右下がりの曲線）で考えれば、インフレ率が上昇すれば失業率が下がる関係にあります。でも、齊藤さんはインフレ率が上がっても失業率は元のまま、つまり曲線自体が上方向にシフトすると考えているんでしょう」

「齊藤さんは『いまのデフレはたいした問題ではない』とも思っている。ご著書にも、そういう考えがうかがえる記述があります」

「でも、4・2%の失業率が自然な状態で変えられない、というのはおかしい。金融緩和によって期待インフレ率が高まれば、失業率を改善できます。デフレは15年も続いてきたから長期的な一種の安定状態のように見えるけれど、実は金融緩和という政策による短期的調整が十分にできていないからです」

若田部は「金融緩和によってマネーを供給していけばデフレは克服できるし、克服すべきだ」という立場である。私も同意見だ。実際、安倍晋三政権になって政府が金融緩和の重要性を強調し、実際に黒田東彦日銀総裁が「異次元の緩和」に踏み切った結果、円安株高が進んで、停滞していた日本経済にようやく光が見えてきた。

結果をみれば、いまやマネーの緩和効果については「論より証拠」で決着がついた状態である。安倍政権と日銀が徹底的な金融緩和を唱えなければ、景気好転への兆しはなかった。

デフレの敗戦責任

デフレで失われた停滞の15年間を、ジャーナリストとして痛みを感じてふりかえるなら、新聞をはじめとするマスコミは本来、もっと早くからマネーの重要性について指摘すべきだった、と思う。だが、実際には齊藤のような「マネーは関係ない」説や「日銀はもう十分、緩和している」説が大手を振ってまかり通ってきた。

なぜかといえば、第一に金融政策を担当する経済記者たちが記者クラブ制度の下で日銀の強い影響下にあったからだ。だから、「日銀はよくやっている」という話に流されやすい。記者が「日銀は強力な金融緩和をしていない」などと真正面から書けば、取材先の日銀に目を付けられてしまう。ひいては特ダネにありつけなくなる。

百歩譲って「日銀はよくやっている」という話を書くとしても、一方で若田部のような見解もあるのだから、両論併記くらいは可能だったはずだ。だが、若田部や日銀副総裁に就任した岩田規久男のようなリフレ派の見解は、せいぜい少数派として小さく紹介されてきたたにすぎない。けっして主流派ではなかった。

それくらい、日本の経済ジャーナリズムは金融政策について日銀の強い影響下に置かれていた。それは、増税をめぐって新聞が財務省の強い影響下にある状態とまったく同じ構図だ。つまり、経済政策における「大本営発表報道」が続いていたのである。

第二に、記者クラブ制度よりもっと深刻な問題がある。なにより経済記者たちは決定的に不勉強だった。それがどれくらい深刻か。記者が不勉強でも、取材相手が記者を正しい認識に導いてくれるならまだいい。

だが、記者たちはいくらまじめで熱心に日銀を「取材」したところで、それだけではけっして真実に迫れないという構造の下に置かれていた。なぜかと言えば、取材相手の日銀自身の理解が間違っていたからだ。より深刻なのは、そういう状態にあることを記者自身がまったく自覚していなかった点にある。

金融緩和に効果があるかという話は、いくら日銀をまじめに取材してもわからない。それは間違った教師に答えを教えてもらうような話である。こんなことを言うと「本当か」と思われる読者もいるだろう。これは本当である。

決定的な話がある。

日銀は長く、「日銀はマネーの供給量をコントロールできない。日銀は社会の需要に応じて、受動的に（受け身で）日銀券を供給しているだけだ」という独特の「日銀理論」を唱えてきた。岩田はこれが間違いであることを20年以上も前から指摘し、論争を繰り広げてきた（＊6）。学会では有名な論争だ。

日銀理論がいかに異端で誤っていたか。それは黒田日銀が大胆な緩和に踏み切って、景気が上向いたいまとなっては明白である。日銀が「能動的に」実行する金融緩和に効果があることは、現実によって証明されている。

そもそも日銀がマネー量をコントロールできないとしたら、金融政策自体が成り立たない。量的緩和もありえず、日銀は単に「日銀券が欲しい」という金融機関からの注文に応じて、見返りの資産を買うだけという話になってしまう。それでは金融機関が主導権を握っている話になってしまうので、初めから日銀の「政策」ではない。

私は、そんな日銀の肩を持ち続けてきたマスコミについて、単に「記者が不勉強だった」と指摘してすむ話だとは思っていない。日本は長い間、デフレを克服できず、その間に多くの企業や人々が倒産や失業の悲惨さに直面せざるをえなかった。その責任は、日銀とともに、日銀の言い分を垂れ流し続けたマスコミにもあるのだ。

終わりなきデフレについて、マスコミも日銀と共犯関係にあった。これは、かつての敗戦と同じ構造である。間違った大本営だけを取材し、発表を垂れ流し続けた結果、国民に真実を伝え損ねて戦争に負けた。いまの経済ジャーナリズムもまた「デフレという敗戦責任」の一端を負っているのである。

第2章

日銀と財務省に洗脳される記者たち

権威で判断するから言論空間がダメになる

経済記者が不勉強なのは、メディア企業側にも理由がある。記者という人種はそもそも勉強が嫌いというだけでなく、入社した後も、まず絶対に「基礎から勉強しろ」とは言われない。これも本当だ。

たいていの記者は経済部に配属される前に、地方支局で訓練を積む。そこで最初に学ぶのは「取材先に信頼される記者になれ」という教えである。若い記者たちは、それを忠実に守って刑事や県庁の役人たちに信頼されようと必死にがんばる。

それで東京の経済部に上がってきて日銀クラブに配属されると、同じように地方支局で学んだ教訓を守って、日銀官僚たちに信頼されようとがんばる。ところが、その日銀自体が金融政策について根本の理解からして間違っているのだから、記事がとんちんかんになるのも当然だったのだ。

読者の中には「難しい試験を突破して日銀に入ったのだから、そんな基本の理解が間違っているなんて信じられない」と言う人もいるだろう。それは「権威」で物事を判断しているからだ。日銀や財務省に対して「成績優秀な人たちが仕事しているんだから、間違うはずがない」という思い込みで考えてしまうのである。

日銀の誤りについて関心がある読者は、先に挙げた岩田規久男教授の一連の著作が参考になるだろう。岩田は一貫して日銀の政策を批判してきた。その岩田も副総裁として加わった後の日銀の政策転換によって、日本経済が上向いた事実は何を語っているか。岩田が正しく、日銀が誤っていたのだ。

思い込みが、いかに日本の言論空間をダメにしているか。一般人ならともかく、ジャーナリストまでが「権威」で判断し、思い込んでしまっては終わりである。そんなジャーナリストに本来、存在意義はない。ジャーナリストは権威によりかかって判断するのではなく、自分自身の頭で判断すべきなのだ。

ジャーナリストの価値は、あらゆる権威から独立し、自由に物事を考える点にある。だが、現実にはジャーナリズムの世界でも思い込みがかなりの程度、支配している。

地方支局でいくら「取材先に信頼される記者になれ」と教えられたとしても、それは「もう学生気分から抜けて、一人前の社会人として人から信頼されるようになれよ」という程度の話にすぎない。日銀という「権威」を相手にした瞬間から、記者は完全に独立して物事を考え、自分で判断し記事を書かねばならないはずなのだ。

日銀に信頼されるのではなく、日銀から独立して政策を判断する。そうでなければ、権威が発信する情報をそのまま垂れ流すだけに終わってしまう。

日銀という権威による洗脳と記者クラブのタコつぼ制度から抜け出して、記者が独自の判断力を磨くためにはどうすればいいのか。それこそが、私がこだわってきた「考える基準」である。若田部昌澄は言う。

「私はやはり、まずは経済学が必要だと思いますね。政策の話は聞くべき人に聞けばわかります。でも、そのための基礎として経済学の教科書を読むべきです。最初は少し苦労するかもしれないけど、いったん身につければ、自分で判断する軸ができます」

「たとえば、よく『経済成長はもういらない』という話がありますね。あれは左翼、あるいは歪んだ形の右翼のイデオロギーから来ているように思いますけど、この話も経済学の概念を使って考えることができます」

「経済成長は、経済学でいう『生産可能性フロンティア（入手可能なすべての資源を使って生産できる最大数量の財の組み合わせ）』を拡大します。つまり成長によって人々が選択できる集合（選択肢）が増えるのだと考えれば、成長はけっして悪いことではありません。人間の欲望にキリはないのだから」

日銀自身が金融政策の理解を根本から間違えていた事実を前提にすれば、記者が金融政策について記事を書くのに、まずやるべきことは、逆説的だが、日銀を取材することではなかった。その前に、金融政策や経済学の基礎をしっかり学ぶ必要があった。書店に行って、経済学の書棚にある世界標準の教科書を買って読むべきだったのだ。

実は、これも取材の内である。

そんな基礎勉強を重ねて自分なりの判断軸を整えてから、じっくり日銀を取材する。そういう手順が必要だった。そうでなければ、日銀に洗脳され、ただの「ポチ記者」になってしまう。黒田日銀はこれから変わっていくのかもしれない。だが、そうだとしても「まず基礎勉強から」は、日銀という権威を取材する記者の作法である。

自分の頭で考えず財務省の言い分を垂れ流す

財政政策でも、少なからぬ記者たちが財務省の言い分をそのまま垂れ流す構造は、日銀の場合とまったく同じである。それは記者の発想と行動原理が、日銀を取材する場合でも財務省を取材する場合でも同じであるからだ。

まず記者たちは取材相手の言うことをそのまま報じるのが、第一の仕事だと思っている。

記者教育でそう教えられるからだ。新聞記者は普通、新人として地方支局に配属になる。そこで最初に警察を担当する。すると「お前の仕事は自分で事件を調べることではない。捜査状況を刑事さんから聞き出すことだ」と教えられる。自力で事件を取材して記事を書くような記者は、「お前は少年探偵団のまねごとをしているのか」とデスクにどやされるはめになる。

つまり、自分の頭で考えるのではなく、「取材相手が」考えて動いている話を聞き出す。それが記者の仕事だとたたきこまれる。そういう記者たちが日銀や財務省を担当すれば、日銀や財務省が考える政策、方針、今後の方向性を書くのが自分の仕事、と思ってしまうのも、まったく当然なのだ。

そういう記者が日銀や財務省からネタをもらって書き続け、やがてリークされた特ダネ連発の敏腕記者になれば、デスク、特派員、部長、論説委員への道が開ける。社内での出世競争がかかっているから、記者は中堅になるほど、ますます日銀や財務省に自ら進んで忠誠を誓うようになる。「ポチ記者」の誕生である。

そんなポチ記者の最終形が「ポチ論説委員」である。そんなポチ論説委員が金融政策について書けば日銀の言い分を垂れ流し、財政政策について書けば財務省の言い分を垂れ流す。それも自然な流れである。ポチの行動原理からいって、日銀には同情的だが財務省には批判的といった例はありえないし、実際、私はそういう記者に出会ったことがない。

同じ論説委員が時に応じて、日銀の肩をもったり財務省の肩をもったりする。それはなぜかと言えば、そもそも両者はほとんど一体であるからだ。

「ご主人さま」である取材相手が互いにツーカーの仲なので、ネタという餌をもらって食べている「ポチ」の記者や論説委員が「実は一体のご主人さまたち」に逆らうわけにはいかない。片方を批判すれば、舞台裏でもう片方のご機嫌を損ねてしまう。それくらいは、賢いポチならとっくに理解している。

あえて実例は挙げないが、日本の主要な新聞で、そんなポチ論説委員の言説が読者の目に触れたこともあるだろう。財務省の代弁者だったかと思えば、次の日には日銀の代弁者にもなる。ここまで説明すれば、なぜ財務省のポチが日銀のポチになるのか、理解できるだろう。これは経済ジャーナリズムの構造的問題である。

ポチ記者の好きな「財政構造改革」

経済メディアが「日本の財政が大変だ」と書き続けてきたのは、いまさら言うまでもない。決まって出されたのは「財政赤字が800兆円」とか「1000兆円」といった数字だった。あるいは国内総生産（GDP）に比べて長期債務が200％といった数字である。こういう数字にまったく意味がないとは言わないが、実は肝心な指標でもない。

財政赤字を考えるのに、もっとも鍵になる指標はプライマリーバランス（PB、基礎的財政収支）である。プライマリーバランスとは、税収や税外収入で基本的な政策経費を賄えているかどうかをみる指標だ。

もしも、PBがプラス（＝黒字）なら、主に税収で公共事業や社会保障費、防衛費といった毎年の政策経費を賄えている形になるので、財政は健全である。逆にマイナス（＝赤字）なら、不足分は借金で賄わざるをえないので健全とは言えない。

ただし、マイナスであったとしても1年限りなど、ごく短期間なら、不健全が常態化しているわけではないので心配には及ばない。たとえばリーマン・ショックや東日本大震災のような災害があっても、2〜3年の赤字で済むなら、まったく問題ない（もちろん現実はそうではないが）。

問題はPBの赤字が常態化しているかどうか。さらに言えば、常態化していたとしても赤字が縮小に向かっているのか、拡大に向かっているのかが重要なポイントである。PB赤字が続いていたとしても、赤字幅縮小に向かう傾向がはっきりしているなら、なにがなんでも増税する必要はない。やがて赤字が消えるのを待っていればいい。

むしろ増税によるＰＢ改善は景気の腰折れを招くので、できるだけ回避して、景気を冷やさない点に注意しながら歳出の側を抑え、ＰＢの改善傾向を維持する。そういう政策努力が重要になる。そのためには政府の無駄遣いや非効率を改める。まずは「政府の改革」が重要になるのだ。

ただし、政府が「財政構造改革」といった言葉を使うときは、注意が必要だ。それは、すなわち「増税」を意味している。

本来なら、政府自身が無駄や非効率の撲滅に努力しなければならないはずだ。だが「政府に無駄な仕事はない」というのが政府側の建て前なので、本気で無駄や非効率の撲滅は言い出さない。

だからこそ政府に「無駄や非効率を改めよ」と注文するのは、政府の外側にいるジャーナリズムの重要な役割になる。それは、もっとも大事な仕事の一つである。にもかかわらず、メディアは政府の受け売りで、実は増税だけを意味する財政構造改革という言葉を使ったりする。そういう言葉遣いを目にした瞬間に「この記事を書いた記者はポチ」と思って間違いない。

本当に消費税引き上げが必要だったのか

では、日本のＰＢはどうなっているか。

財務省が公表している資料（＊７）によれば、２００２年度から２００７年度までＰＢ（対ＧＤＰ比、以下同じ）の赤字は改善を続けていた。この間は前年の名目成長率が上昇していたから、法人税など税収が増えて財政が健全化に向かっていたのだ。

ところが、２００８年のリーマン・ショック後は成長率が急降下するとともにＰＢも一時、急激に悪化する。その後、景気が立ち直り始めるとＰＢも改善するという動きになっている。このあたりは、嘉悦大学の高橋洋一《たかはしよういち》教授が繰り返し指摘している通りだ（＊８）。

ちなみに、この財務省資料にある２０１１年度から２０１６年度までの数字は、内閣府の「経済財政の中長期試算」（２０１２年８月、＊９）にある「慎重シナリオ」が原典になっている。このシナリオは消費税を２０１４年４月から８％に、２０１５年10月から10％に引き上げることを前提にしている。だが、増税前の２０１３年度まではどうなっているかと言えば、国と地方のＰＢが▲６・４％（２０１１年度）、▲６・２％（２０１２年度）、▲５・２％（２０１３年度）、とりわけ国だけをみると▲７・０％、▲６・７％、▲５・６％と顕著に改善に向かっていたのだ。

つまり増税しなくてもPBは改善傾向にあった。アベノミクスの下で2012年暮れから円安株高が進んだ。やがて実体経済にプラス効果が波及してくれば、名目成長率が改善する。そうなると、増税しなくてもPBが改善するのはあきらかである。

安倍政権は2014年4月からの消費税引き上げを決めたが、本当に増税が必要かどうか、この1~2年の景気動向を見極めてからでも遅くはなかった。それどころか、本当はむしろ、しっかり見極める必要があった。それが正しい政策の議論である。政府がそういう議論をしないなら、まさにジャーナリズムの側がそういう問題提起をすべきなのだ。

ところが、残念ながら日本のメディアでは「増税は国際公約だ」「増税しなかったら約束違反で市場が混乱する」といった財務省の尻馬に乗った論調が大手を振ってまかりとおっていた。「政府が言わない話を書いたら大変だ」と言わんばかりの報道である。

私は「政府が言わない話」を書くことこそ、ジャーナリズムのもっとも大事な役割の一つだと思っている。

日銀や財務省の受け売りをするポチ記者やポチ論説委員からは、絶対に「政府が言わない都合の悪い話」は出てこない。だれの目にもあきらかな不祥事とか官僚のスキャンダルのような話は書いても、日本経済を左右する金融政策や財政政策の根幹に触れるとなると、「政府が言わない話」には触れるどころか、あえて目を塞いでいる。

その結果、どうなっているかと言えば、経済政策をめぐる議論が日銀や霞が関の発信する情報中心になっている。金融政策で言えば「緩和はもう十分、やった。効かないのは日本の競争力が衰えたからだ」、財政政策で言えば「日本の財政は危機的なので増税が必要」といった財務省、日銀寄りの主張ばかりがメディアを席巻するのである。

ポチ記者やポチ論説委員、さらには政府の審議会委員や日銀審議委員、政府関連機関への天下り（天上り？）を狙った御用学者や御用エコノミストがメディアの議論をリードして、それ以外の議論を排除していく。

安倍政権が経済政策のブレーンとして、イェール大学の浜田宏一《はまだこういち》名誉教授を内閣官房参与に登用したのは象徴的だった。浜田は経済学者として世界的な名声を確立しており、かつ仕事も米国中心で、日銀や財務省に尻尾を振る必要はなかった。学者としての信条を総理に訴えればよかった。だからこそ、浜田は消費増税の先送りを唱えることができたのだ。

国の借金残高の数字ばかり躍って「日本は財政危機」

具体的にどうＰＢを計算するかと言えば、税収＋税外収入から国債費（国債償還と利払いのための費用）を除いた政策経費を差し引く。結果は同じことだが、国債費から毎年の国債発行額（国債発行による収入＝借金）を引いてもいい（＊10）。

日本のＰＢが国と地方全体でも、あるいは国だけをみても、内閣府の試算で２０１１年度から２０１３年度まで改善傾向にあることは、すでに書いた。では、そもそも財政再建の鍵をなぜＰＢが握るのか。

まず財政再建とは何かを考えてみよう。

これは意外なほど正確に理解されていない。かなりの有識者でも、財政再建とは「国の借金をゼロにすることだ」などと思い込んでいたりする。ところが「国の借金をゼロにする」と言っても、「毎年の発行額をゼロにする」という意味の場合もあるし、「これまで累積した借金をゼロにする」という意味の場合もある。

よくテレビ番組で「国の借金１０００兆円は大問題だ」などと紹介されたりするから（私は出演した番組で何度もそういう話を聞かされた）、視聴者はつい「１０００兆円をゼロにしなければならない」と思い込んで、「そんなことは不可能だろう」「だから日本の財政はホントに危機なんだ」と催眠術にかかってしまう。

ところが、これは初めから間違いである。

まず、これまでの赤字累積額、すなわち債務残高でみて「国の借金をゼロにすること」が財政再建ではない。それどころか単純に「国の借金を減らすこと」が財政再建でもない。それから、単年度でみて毎年の借金をゼロにする必要さえもない。

財政再建とは「国の経済規模に比べた借金総額（＝債務残高）を減らす、あるいは少なくとも一定の横ばい傾向にする」ことだ。借金総額をあくまで国の経済規模との比較で考えるのである。これは家計の住宅ローンで考えれば、すぐわかるだろう。

年収300万円の人が5000万円の住宅ローンを借りたら、返済が大変だ。もしかしたら銀行は「この人は危ない」とみて貸してくれないかもしれない。収入に比べて借金総額が過大だからだ。だが年収1億円だったら、事情はまったく違う。銀行は「5000万円の返済などわけはない」とみて、喜んで貸してくれるに違いない。

国も同じである。国の経済規模が大きければ、借金総額が大きくても問題ないが、経済規模が小さければ、もちろん大変だ。国の経済規模は普通、国内総生産（GDP）で測る。GDPは国が1年で生産した付加価値の総額である。

たとえば、日本の債務残高の対GDP比率は2013年で224％だ（国と地方、社会保障基金を合わせた一般政府ベース。＊11）。

仮に名目GDPが日本の18分の1程度のシンガポールが日本と同じ債務残高を抱えていたら、債務残高比率は4032％になるので、これはいかにも大変だろう。だが逆に、名目G

DPが日本の3倍もあるアメリカが日本と同じ債務残高を抱えていたとしても、債務残高比率は74％にすぎない。

債務残高の数字そのものに意味はなく、あくまで経済規模との比較が肝心なのだ。こんなことは、まったく単純明快な話なのだが、なぜか日本のメディアでは残高数字ばかりが躍っている。

国の借金をゼロにしたら日銀が困る

次に、国の借金は家計の借金とは根本的に違っている。そもそも国は借金全額を返す必要がない。なぜか。家計の借金は基本的に一世代限りだが、国は永遠に続く（はずな）ので、借金も繰り延べようと思えば永遠に繰り延べられるからだ。

むしろ借金を全額返してしまったら、発行した国債残高がゼロになるから金融市場で国債の取引ができなくなる。そうなったら、国債を売買することで供給する通貨の量を調節している日銀が困ってしまう。金融政策を遂行できなくなってしまうのだ。

日本は国債の取引がないアジアの新興国に国債市場をどうやって整備したらいいか、技術支援している。金融政策遂行の環境を整えるために、国債の円滑な発行を勧めているくらいなのだ。これまた、あまりに単純明快な話なのだが、決定的に重要なポイントでもある。

永遠に繰り延べられることを前提に考えれば、債務残高の対GDP比率を一定に維持できれば、破綻に向かう可能性は低くなる。もちろん債務残高比率を毎年減らしていければ望ましいのは言うまでもない。その状態が「財政再建」である。逆に言うと、債務残高比率が年々、上昇する状態が「財政破綻に向かっている」状態である。

債務残高比率がどの程度になれば危ないかについて、学者の間では「だいたい200%くらいじゃないか」と言われるが、検証された定説はない。

いまの日本がどうかと言えば、債務残高比率は年々、上昇している。だから財政は悪化している。この比率をなんとか一定状態にするか、あるいはもっと好ましい「年々減少する」状態にまでもっていく。それが「財政再建の目標」である。

そこで、どうやって債務残高比率を一定ないし低減させていくか、という話になる。この問題を考えるために、重要な数式を紹介する。数式というと面倒な感じがするが、これさえ一度、頭に入れておけば、あとは財政再建について何も考える必要はないと言ってもいいくらいだ。

逆に言うと、この式で考えてみておかしな話は、すべてデタラメと断言していい。本当のプロたちは、みんなこの式を出発点に議論している。それは次の通りである。

（債務残高／ＧＤＰ）の変化率＝（国債金利－名目成長率）×（債務残高／ＧＤＰ）－ＰＢ／ＧＤＰ

左辺にある最初の「（債務残高／ＧＤＰ）の変化率」は、いわば結論部分だ。この変化率がプラスなら債務残高の対ＧＤＰ比率が年々、上昇している状態を示すので、財政は悪化している。逆にマイナスなら改善であり、財政は健全化している。

だから、この数字がプラスかマイナスかが重要だ。そこを調べるために、右辺の中身をチェックしていくことになる。

そこで右辺の第１項をみる。「（国債金利－名目成長率）×（債務残高／ＧＤＰ）」の値が小さければ小さいほど、左辺の変化率がマイナスに、あるいはプラスであっても小幅になる。マイナスなら財政健全化で目標達成である。いいことだ。（国債金利－名目成長率）の値がマイナスであれば、第１項全体が丸ごとマイナスになる。

そこから、まずは名目成長率が国債金利よりも大きくなるように経済を運営することが重要な政策課題になる。これが数式から導かれる政策的含意の第１番目である。

つまり、国の経済規模に比べた債務残高の変化率は4.4%のプラスだ。これは悪化である。もしも国債金利が名目成長率を上回ると、もっと悪化する。ここをメディアは盛んに強調して「将来の懸念は金利上昇だ」という話に仕立てる。

だが、実際にはデフレを脱却できれば、名目成長率は伸びる。実質成長率＋物価上昇率が名目成長率だからだ。だからこそ金融緩和によるデフレ脱却、すなわち物価上昇率の引き上げが不可欠になる。

たとえば、黒田東彦総裁の下で日銀が目指す物価上昇率２％が２年で達成できたとしよう。そのとき、実質成長率が２％なら名目成長率は４％だ。仮に国債金利が1.5%、$\frac{PB}{GDP}$が▲5.2%で変わらないとすれば、$\frac{債務残高}{GDP}$の変化率は、$(1.5-4)\times2-(-5.2)=0.2$となり、ほとんど増税なしでも財政再建が達成できてしまう。

実際には、名目成長率が伸びればPBも改善するので、国債金利が多少、上昇したとしても、全体として財政状況は改善するだろう。それくらい物価や名目成長率の動きは財政再建に決定的な影響を与える。

そう考えれば「１％や２％程度の物価下落はたいした問題ではない」とか「金融緩和では成長しない」という論者は、結局「財政再建を放棄している」と言って間違いない。デフレを放置したままでは名目成長率は伸びず、PBも改善せず、したがって財政再建はできないからだ。

財政再建を自分の頭で考えるためには、この数式が出発点である。

コラム　自分の頭で考えるために

そもそも数式は正しいのか、どうやって数式が出てくるのか、という疑問があるかもしれない。そこで、数式の導出法を書いておく。ちなみに、数式と導出法自体はべつに私のオリジナルでもなんでもない。ちょっと勉強すれば、だれでもわかる定理のようなものだ。

GDPをY、債務残高をD、名目成長率をg、国債金利をrとする。

債務残高の変化率は$\Delta\frac{D}{Y}$。この意味は年数が経過するに伴って、$\frac{D}{Y}$すなわち「経済規模に比べた債務残高」が増えるかどうかをみている。この値がプラスなら財政悪化、マイナスなら財政健全化である。0なら横ばいだ。

微分公式から、

$$\Delta\frac{D}{Y}=\frac{\Delta D\cdot Y-D\cdot\Delta Y}{Y^2}=\frac{\Delta D}{Y}-\frac{D}{Y}\cdot\frac{\Delta Y}{Y}$$

定義により$\frac{\Delta Y}{Y}=g$、$\Delta D=-PB+r\cdot D$。これを代入すると、

$$\Delta\frac{D}{Y}=\frac{-PB+r\cdot D}{Y}-\frac{D}{Y}\cdot g=(r-g)\cdot\frac{D}{Y}-\frac{PB}{Y}$$

※PB：Primary Balance（基礎的財政収支）

これが最初の数式である。

現状はどうかと言えば、先の内閣府試算の数字を使って国債金利が1.5%、名目成長率が1.9%、$\frac{\text{債務残高}}{\text{GDP}}$の比率はざっくり２倍としよう。それから$\frac{PB}{GDP}$が▲5.2%である。すると、結論である$\frac{\text{債務残高}}{\text{GDP}}$の変化率は、$(1.5-1.9)\times2-(-5.2)=4.4$となる。

債務残高を小さくするには国の資産を売却すればいい

先に紹介した内閣府試算によれば、２０１３年度の名目成長率は１・９％見通しだ。一方、長期金利（10年もの国債の利回り）予想は１・５％なので、この通りなら第１項全体がマイナスになる。ちなみに、いま「円安株高の裏側で長期金利が上がって大変」などと騒がれているが、それでも、せいぜい１％前後の話である。

財務省は「長期金利が上がると利払い負担が増えるから大変」と懸命に宣伝し、多くのメディアがそれを受け売りで書き飛ばしているが、それがいかにデタラメか。仮に長期金利が多少、上昇したところで、内閣府試算が示すように、それを上回る名目成長率が実現できれば、財政再建のうえではプラスなのだ。

そういう事情は、この数式が頭に入っていなければ理解できない。ちなみに、私が知る限り、この数式とその意味をしっかり伝えたメディアの記事は、ほとんど皆無である。なぜかと言えば、記者たちがきちんと理解していないのに加えて、財務省にとっても、数式の持つ意味が一般に広まると「長期金利が上がると大変」話の嘘がばれてしまうからだ。

次に、右辺の第２項だ。ここでＰＢ／ＧＤＰの値が大きければ大きいほど（ＧＤＰはもちろんプラスだからＰＢが黒字であるほど、あるいは赤字幅が小さいほど）左辺の変化率がマイナスになる。すなわち財政は健全化に向かう。

だからＰＢの黒字化、ないし赤字幅の縮小が重要になるのだ。これが数式の示す政策的含意の第２番目である。

第１番目の「名目成長率が（国債金利よりも）大きくなるように運営する」ことが実現すると、実はＰＢも改善する。なぜかと言えば、名目成長率が大きくなると自動的に税収が増えるからだ。たとえば法人税を納めていなかった赤字企業が儲かり始めて黒字に転換すれば、法人税を納めるようになる。さらに所得税や消費税も増えるから、税収全体が増えるのだ。だから、名目成長率を伸ばすのは、一石二鳥の効果がある。

最後に、前後するが第１項に戻る。その中にある（債務残高／ＧＤＰ）の値が小さくなるとどうなるか、という点も検証しておこう。先にみたように、名目成長率が国債金利よりも高ければ、第１項が丸ごとマイナスになるので、（債務残高／ＧＤＰ）の数字が多少、小さくなったところで結果にたいして変わりはない。

だが、もしも国債金利のほうが高くなれば、第１項全体はプラスになってしまう。その場合には、（債務残高／ＧＤＰ）の数字が小さくなっていたほうが、財政の悪化は軽くてすむ。つまり「国債金利が名目成長率を上回る場合もあるかもしれない」と想定するなら、債務残高をできる限り小さくしておいたほうが安全である。

読者は「債務残高を小さくする」という話が可能なのか、と思われるかもしれない。「それはそもそも目的なのだから、手段のところで想定するのは自己矛盾なのではないか」という指摘もあるだろう。だが、実は可能である。

国のバランスシートで考えると、債務の裏側には資産がある。国が保有している株式や独立行政法人への出融資など不用な金融資産は処分しようと思えばできる。そうであれば、さっさと処分したほうがいい。資産を減らした分は両建てで債務残高が減るからだ。

こんなことは民間では当たり前の話である。経営が苦しくなれば、不用資産を売って借金を減らすのだ。たとえば、かつてバブル崩壊に際して銀行や生命保険会社は社宅や運動場を売却してリストラした。それで借金返済を楽にした。

ここから、政策的含意の3番目が得られる。つまり国の資産売却だ。国は「財政危機だ」と言い募るが、実は不用資産が山ほどある。公務員住宅が典型だ。国が都心の一等地に保有する官舎に高級官僚を住まわせていなければならない理由はない。

一等地に住み続ける必要があるなら、借りればいい。官舎を売却して、民間からリースの形で新たに官舎を用意すればいいのだ。そうすれば、その裏側で国の債務残高が減る。それによって数式が示すように、最終目標である債務残高の対GDP比率が下がる。

以上のように数式を基に考えれば、たとえば「国の不用資産を売却したところで1000兆円の債務はゼロにはならない」などという話が、いかにデタラメで馬鹿げているかがわかるだろう。問題の核心はそんなところにはないのである。

経済政策を考えるうえで重要な「時間軸」

ここで少し話題を変える。

メディアは安倍政権の誕生以来、アベノミクスについて大量の情報を伝えてきた。それでも、基本的な部分で誤解しているようなところがある。経済政策の手段と目標について、よく理解していないのではないか、と思えるのだ。

最初にはっきりさせなければならないのは「経済政策の目標は何か」という点である。それは、目先の景気を立て直すことでは「ない」。日本経済を「中長期的な安定成長軌道」に復帰させることだ。「中長期」というところがポイントである。

「成長はいらない。公正な所得再分配さえあればいい」という立場もある。たとえば、民主党の枝野幸男元経産相は著書で「私たちは成長幻想や改革幻想といった夢から覚めて、その現実に向きあわなければならない」と述べている（＊12）。これについては後で触れるとして、ここではひとまず成長を前提に話を進める。

経済学の教科書は、必ずしも中長期とはどのくらいの期間を指すのか明示していないが、政策担当者の頭の中では普通、中長期といえば「3年から5年、さらに10年」といった時間軸をイメージする。

これに対して「短期」は、「目先の1~2年、長くてせいぜい3年程度」を指している。この時間軸の区別は非常に重要だ。「中長期的な安定成長を目指す」ことが政策の最終目標であるからには、目先の（したがって短期的な）「景気回復」は途中経過の目標にすぎない。

これは「政権がそう説明している」という話ではない。どの政権であろうと、経済政策はそう考えるべきものなのだ。現在の経済学、経済政策論は、そういう時間軸の区別を前提にして成り立っている。逆に言うと、時間軸を区別せずに政策を議論しても、それは「ないものねだり」か「ごちゃまぜ」の議論にしかならない。

目先の景気回復はあくまで途中経過にすぎず、最終目標である中長期の安定成長を実現するには、どうしたらいいか。そのために政権は何をしようとしているか。メディアは基本的にそういう視点から政策を評価すべきである。ちなみに、ノーベル経済学賞受賞者のクルーグマンやスティグリッツといった世界の名だたる経済学者が、こぞってアベノミクスを支持しているのも、短期と中長期の区別を含めて、アベノミクスが世界標準の考え方に沿っているからだ。

政策の時間軸を短期と中長期でしっかり区別したうえで、短期の景気刺激には財政金融政策の発動、中長期の安定成長実現には「成長戦略」（ただし、これには後で説明するように留保付きだが）という役割分担になる。

アベノミクスで言えば、第一と第二の矢は目先の景気回復、第三の矢は中長期の安定成長という切り分けである。ここを間違ってしまうと、目先の景気回復のために金融緩和をしているにすぎないのに、「それは安定成長に役立たない」といったような混乱した話になってしまう。こんな話は経済学者はもちろんわかっているが、わかっていない記者をだますために意図的に持ち出されると、ころっとだまされてしまう。それは記者の責任である。

景気回復は途中経過の目標といっても、けっして軽視するわけではない。マラソンで途中の経過地点を通過しなければ、最終ゴールに辿りつけないように、目先の景気回復を実現しないことには、中長期的な安定成長も目指せない。

アベノミクスは円安株高を目指しているわけではない

そういう視点でメディア報道をみると、たとえば円安株高がスピード調整の局面を迎えて、ちょっと円高株安に振れると、すぐ「アベノミクスの失速」などと書くのは、見出しとしてわかりやすくても、そもそもピントがずれている。

第一に、アベノミクスは円安株高を目指しているわけではない。第二に、1週間からせいぜい数ヵ月程度（これは超短期である）の市場の動きはだれにもコントロールできない。第三に、政策に対する金融市場の評価があったとしても、それは1年後とか2年後の話だ。

それでも、政権担当者は「市場が株高で政策を評価している」などと言う場合がある。それは政治家だからだ。株高が景気回復にプラスになるのは間違いないから、政権を担っている政治家は宣伝材料に使う。だが、メディアは本来、もう少し距離を置いて、あくまで政策が「中長期の安定成長に結びつくかどうか」で評価すべきなのだ。

金融市場を横に置いて、政策自体の実績をみれば、大胆な金融緩和と物価安定目標の導入、そして予算編成と続き、第一の矢と第二の矢はすでに放たれた。これができなかったのであれば、それこそ失速である。

そこで第三の矢である成長戦略だ。そもそも「これをすれば必ず経済が成長する」というような政策体系はあるのか。答えは、ない。それはアフリカのこの200年をみれば、あきらかである。アフリカは豊富な資源と安い労働力があるのに、なぜ成長しないのか。

これには、たとえば「政府が腐敗しているからだ」という指摘がある。では、同じように中国の政府も汚職まみれで腐敗しているのに、なぜ中国は高い成長を続けているのか。「中国は貿易が活発だが、アフリカは活発ではないからだ」。中国や東アジアの国々は貿易=輸出振興によって経済の離陸を果たした。だが、アフリカがまったく貿易していないのかと言えば、そんなことはない。

経済学者はいろいろ議論しているが、結局のところ、こういう政策パッケージをすれば必ず経済が成長するという「魔法の杖」は見つかっていない。せいぜい豊富な資源と労働力に加えて、効率的に機能する政府と安定した政治環境、活発な投資を促す金融機能、教育の充実、安定した治安、インフラ整備が重要という程度である。

日本のような成熟した先進国でも、これさえすれば必ず成長するというパッケージは、残念ながらわかっていない。もし、そんなものがあるなら世界の先進国はとっくに実行して、世界経済はいつもハッピーになっているはずではないか。そうなっていないどころか、繰り返し金融危機が起き、そこまでいかなくても各国の成長にまだら模様があるのは、魔法の杖がないからである。

ちなみに「魔法の杖」のたとえは、よく「金融政策は成長への魔法の杖ではない」という言い方でも使われる。これは正しいし、当たり前である。すでに強調したように、金融政策はそもそも短期の景気回復のために発動されるのであって、初めから中長期の成長を目指したものではないのだ。

魔法の杖はないにもかかわらず、なぜ「成長戦略」がもてはやされるかと言えば、霞が関がそれを宣伝するからだ。

成長戦略は霞が関の省益拡大のため

霞が関、とりわけ経済産業省のような役所は、「これが成長戦略です」と時の政権に売り込むのが仕事である。そうしなければ、役所の存在意義がない。もっともらしい成長戦略を掲げて予算を獲得し、省益を拡大するのである。

成長戦略を錦の御旗に掲げて、たとえば官民ファンドを立ち上げる。そこに役所のOBや現役を送り込んで、豊富な公的資金をバックに産業界にカネをばらまき、幅を利かせる。いまや資金量2兆円を超えた産業革新機構はその典型である。

経産省が作った産業革新機構が大成功した（役所の縄張りを拡大するという意味で）のを横目で見て、いまや農林水産省や国土交通省など各省庁も続々と新規参入し、官民ファンドが霞が関で大流行している。成長戦略は、そうした官民ファンドを正当化する「夢のストーリー」という仕掛けになっているのだ。

私は官民ファンドや補助金を活用した成長戦略の有効性について懐疑的だが、百歩譲って、だからといって「必ず失敗する」とも断言できない。当たるかどうか、よくわからない話だから、もしかしたら当たるかもしれない。

そこはベンチャー企業と似ている。ダメもとでやってみて、ダメとわかったらさっさと撤退する。少なくとも、最初から大勝負はしない。これがベンチャーの大原則である。

官製ベンチャーがダメなのは、途中でダメとわかっても、ダラダラ続けて撤退しないところにある。自分のカネで勝負していれば、ダメなら踏ん切りをつけるのに、官僚は「どうせ税金」と思っているから、無駄金を投資し続けてしまう。なにより、いったんOBを天下りで送り込んでしまえば、踏ん切りをつけようにも、次にOBの持っていき先を見つけるまでは絶対に撤退できない。

では、中長期の成長を目指す政策はまったくないのかと言えば、ある。それが規制改革である。

なぜ規制改革が必要なのか、と言えば、民間企業が自由に活動する環境を整えるためだ。成長の源泉は民間企業にある。ここは、よほどの左翼を除いて一致するだろう。それ以前に「そもそも成長は必要ない」と言うなら、論外だ。日本には論外政党がまだ生き残っている。その話は次の章に譲る。その前に規制改革である。

解雇規制の緩和にメディアが厳しい裏事情

日本は自由な市場経済なのだから、どこにでも企業が自由に参入・撤退できるかと言えば、そうではない分野が残っている。たとえば、農業や保育所が典型である。

農業は株式会社の参入が認められる形になっているが、まだまだハードルが高い。企業家の株式保有は最大で50%までしか認められていない。農協は独占禁止法の適用を免れていて、たとえば飼料の販売では7割を牛耳っている。

農家は農協から飼料や農機具を買わなくてもいいが、そんなムラの掟に背くようなことをすれば、生産から販売まで独力で賄わなくてはならなくなる。よほど自力のある農家でなくては事実上、難しい。

保育所も社会福祉法人が優遇されたままだ。社福は法人税などが免除されている一方、施設整備には国や自治体から補助金が出る。横浜市が株式会社の参入を認めて待機児童ゼロを実現したが、これは例外である（＊13）。

そういう分野の規制を緩和して、民間企業が自由に参入し競争できるようにする。それが規制改革の狙いである。だが、メディアの世界では、必ずしも規制改革の受けは良くない。

たとえば「株式会社の参入を自由化すれば、弱肉強食になって、ほかはみんな潰れる」とか、「儲からなければ、企業はすぐ撤退するから農地が荒れる（保育が崩壊する）」といった批判がある。

さらに、企業の解雇規制の見直しでは「金銭による解雇などとんでもない」とか、「仕事内容を限定したジョブ型正社員の導入は結局、首切りしやすくするだけ」といった批判もある。現実はどうかと言えば、解雇案件が裁判になって会社が負ければ、金銭による円満退社は珍しくない。非正規雇用者がジョブ型正社員に登用されれば、生活はより安定するだろう。

いまどき終身雇用と年齢に応じた右肩上がりの給料が保証されているのは、一部の大企業正社員と公務員くらいである。多くの中小零細企業では、事業が不振に陥れば金銭による解雇やリストラ、賃下げはごく普通に行われる。

不安定な雇用の実態を少しでも改善する。働き手は会社に一生しがみつくのではなく、常に自分のスキルを磨いて新たな可能性に挑戦する。企業も柔軟に雇用を考えられるようなビジネス環境を作る。それが雇用分野における規制改革の狙いである。首切り促進で日本経済が成長するわけはない。これも当たり前である。

雇用改革に厳しいメディアが多いのは、メディア自身が電波法や新聞の再販制度、さらに排他的な記者クラブに守られた産業であることと無縁ではない。自分たちが強い規制の下で終身雇用と右肩上がりの給料を保証されているから、それをぶち壊しかねない改革には本能的に反発するのである。

第3章

なぜメディアは政策をまともに論じられないのか

「真実を知りたい」と思って仕事をしているか？

メディアやジャーナリストは世の中の森羅万象を相手にしている。政治、経済はもちろん社会、文化芸術、スポーツ、科学、さらには宗教といった心の問題も扱っている。およそ人間社会や自然に関する出来事でジャーナリストが観察と報道、論評の対象にしないものはない、と言っていい。

同じように人間社会や自然を相手にしながら、学問の世界には政治学や経済学といったように系統だった説明と解釈、論理の体系がある。目的は真理の追究だ。ところがジャーナリズムの世界には、そうした首尾一貫した体系がない。報道は文字通り、記者とメディアによってさまざまであり、論評も種々雑多である。

ジャーナリズムの目的が何かと言えば、学問と同じように「真理あるいは真実の追究」であると思われるかもしれない。では、現場で日夜、取材に明け暮れている記者たちが「俺たちは真実を知りたいんだ」と思って仕事をしているかと言えば、必ずしもそうではない。

そんなことより、新聞記者なら「この記事を書いて社内で評価されるか」、テレビ局のプロデューサーなら「こんな番組を作って視聴率がとれるか」が大事な問題だったりする。フリーランスの記者なら「編集者は俺が書く記事を面白いと思ってくれるか」という問題がいつも頭をよぎるに違いない。

ジャーナリズムの現場では、真実の追究という立派なお題目より、自分の出世や世間の評価、生き残りにかかわる問題のほうが、よほど切実になっている。つまり、記者が仕事に励むインセンティブはもっと現実的なものだ。

一方、たとえば私が勤めている新聞社には「真実、公正、進歩的」という社是がある。記者の仕事は真実を追究し、公正であり、かつ進歩的でなくてはならない、という意味だ。入社と同時に真っ先に教えられて、社是を羅針盤にして仕事をせよと訓示される。

真実を追究し、公正であり、かつ進歩的であるのは、そう簡単ではない。真実にはさまざまな側面がある。何が公正であるかは、その人の考え方と価値観によって違う。進歩的であるかどうかも同じだ。つまり、真実、公正、進歩的というのは、だれが見ても「その結論はこうだ」と言えるような羅針盤、座標軸ではない。

多くのメディアは客観性についても格段の注意を払っている。ある問題で右という意見と左という意見があるなら、報じる側は双方のバランスに配慮して、片方に偏しないようにすべきだという考え方だ。

客観性の問題は、政治報道でことさら重要になる。特定政党の主張を大きな紙面で扱ったり、多くの時間を配分して報じれば、たちまち不公平と批判される。だから、選挙報道ではどの政党も基本的には同じスペースと時間で扱うようになる。

ジャーナリズムの世界で当たり前と思われてきた真実の追究や公正、客観性という基準は、どれほど妥当なものなのか。そんな基準を満たすべく、メディアは日夜、努力しているのだろうか。あるいは別の考え方はないのか。

客観性と公正さに縛られすぎると真実が見えなくなる

私がなぜ、こんな問題にこだわるかと言えば、東日本大震災と福島第一原発事故を経て、新聞やテレビといった既成メディアへの不信感がかつてなく高まったからだ。

国民はもちろん震災や原発事故への対応をめぐって、政府や政治に不信感を抱いた。同じようにメディアに対しても疑惑の目を向けた。「既成メディアは真実を報じていない。政府の大本営発表ばかりだ」という声である。

どうして、そんな批判がわき起こったかといえば、当初、メディアの報道に政府や企業、あるいは原発専門家の意見をそのまま紹介する例が目立ったからだろう。もちろん政府や電力会社に批判的な識者の意見を報じた例もたくさんある。

だが、メディア自身がさまざまな意見の妥当性や適否をあらかじめ判断して、そこを土台に報道していくという手法には抑制的だった。背景には、メディアは文字通り「媒介」であり、「自分が主役ではない」という伝統的な考え方があった。

それで良かったのだろうか。客観性や公正さの呪縛にとらわれすぎると、実は肝心の真実が見えなくなるという側面はないか。具体的に言えば、政府や東京電力の言い分に原発批判派の反対意見を加えて報じてみても、読者、視聴者はとまどうだけだったのかもしれない。

報じる側がもう一歩踏み込んで、「私たちにはこう見える」と報じるのは許されないのかどうか。私は許されると思う。それで間違うことがあるかもしれない。だが、逆に真実に一歩近づく可能性もある。

ジャーナリストやメディアが一歩踏み込んだ仕事をしようとするなら、その際、拠り所となるような座標軸、仕事の作法はあるのかないのか。私はそういう風に考えてみたい。それは報じる側の問題であると同時に、読者、視聴者の問題でもある。

なぜなら記事や論評がどういう考え方、座標軸をもって書かれているのかを読者が知れば、まず、より深く記事の内容や扱っている問題を理解することが可能になる。

理解するだけではない。実は読者、視聴者だって、みんな自分なりの価値観や座標軸を持っている。自分が暗黙の内に「これが正しい」と考えている価値観や座標軸を共有していると感じるメディアの仕事は、まったく異なる価値観や座標軸を背景に抱えているメディアの仕事よりも身近に感じられるだろう。

多様な意見を伝える悩み

第1章と第2章では経済報道について考えてみた。同じような問題意識に基づいて、ここでは政治報道を扱ってみる。

新聞には必ず政治欄があり、テレビのニュース番組も政治に関する話題を扱わない日はない、と言っていい。人々は、そもそも政治報道に何を求めているのだろうか。ある人は「権力闘争が面白い」と言うだろう。別の人は「そんなのはどうでもいい。政治が私たちの暮らしにどう役立っているのか、いないのかを知りたい」と言うかもしれない。

たしかに、権力闘争は血沸き肉躍る側面がある。政治が暮らしにどう関わってくるか、は生活者、納税者のもっとも知りたいところだろう。それらは「人々の関心」「興味」だから、それに応えることはメディアの大事な役割である。

ここでは「人々はメディアに多様な意見や主張、視点を伝えてもらいたい、と思っているのだ」と仮定してみる。政治とは、人々にとって選択である。国民は選挙を通じて政権を選ぶ。肝心の選択肢が十分に報じられないことには選びようがない。

だから「人々は選択する際の参考に多様な意見、視点の紹介を望んでいる。それが政治報道への期待である」。ひとまず、そう考えてみる。そうだとすると、政治報道は報じる側の視野、スペクトラム（幅）の広さが重要になる。人々にとっては、選択肢が十分に示されたほうがいいからだ。

メディアにとって多様な意見や視点を伝えることは、権力闘争の真実や暮らしへの影響を伝えることよりも、もっと根源的な意味がある。もしもメディアが野党の主張を伝えなかったら、どんな暗黒社会になるかを考えてみれば、あきらかだろう。多様な報道は文字通り、民主主義の基盤である。

ただし、この「多様な意見や主張をどれほど広く、深く伝えられるか」は、メディア、とりわけテレビの世界にとって、もっとも悩ましい問題の一つでもある。少し触れたように、新聞やテレビの選挙報道は各党、各候補者の主張を同じ扱いで報じるのが当然のようになっている。それに違和感を抱く人もいるのではないだろうか。

各党、各候補者の発言時間はもちろん、主張のポイントをフリップで紹介するときも同じスペースできっちり横並びである。そうでないと、外された政党や候補者からたちまちクレームが飛んでくる。悪くすると、監督官庁から警告されるはめになる。

番組制作者たちの本音を言えば、彼らの多くは政権政党の自民党に対する視聴者の関心と、せいぜい数人が当選するかどうかの政党に対する関心は違って当たり前、と考えている。だから、本当は各党の扱い方にアクセントをつけたい。それがどこまで許されるか、どこで一線を越えてしまうのか、がプロデューサーの悩みの種になっているのだ。

視聴者の気持ちを優先してメリハリをつけたい番組制作の現場と、トラブルを恐れて公平な扱いを守りたい局幹部が対立する場面もしばしば見られる。

悩んだ末に結局、見た目で差別がないように、同じ発言時間、同じ大きさのフリップ、一覧表を用意し、コメンテーターたちも偏りがないようにコメントするという作り方になっている。それが後でクレームがつかない、もっとも安全な方法なのだ。

池上彰と田原総一朗の対照的なスタイル

メディアが各党横並び報道に傾斜するのは、クレーム回避に加えて、もっと本質的な理由もある。それが「中立・客観性」という原則だ。「人々は多様な意見の紹介を求めている。

メディア自身が色を持ってはいけない。中立の立場から多様な意見を偏らずに報じるべきだ。判断するのは読者、視聴者」という考え方である。

この議論は強い。報道の現場では「中立・客観性信仰」と言ってもいいほどだ。とりわけ公共の電波を使っているテレビは非常に気を遣っている。選挙になると、報道を監視している各党や監督官庁が怖いという以上に、自分たち自身が過剰な中立・客観性原則にとらわれて、結果的に自主規制してしまうというような側面もある。

多様な意見や視点の紹介と中立・客観性原則。これを実践して、もっとも信頼を勝ち得たのは池上《いけがみ》彰《あきら》だろう。ＮＨＫ出身の池上は内外のさまざまな話題を多様な視点から扱い、かつ自分自身の色は極力抑える手法を確立した。「池上の解説なら色がついていないから安心」という読者、視聴者は多い。

たしかに「池上彰スタイル」はジャーナリズムの一つの手法である。ただし、それがすべてでもない。たとえば極端な話だが「政治報道は同じ時間配分、同じスペースで中立・客観性に徹しなければならない」というルールをいつも必ず厳密に適用しなければならないとしたら、メディアやジャーナリスト自身の考え方、判断は消え失せてしまいかねない。その結果、皮肉にも一番大事な「メディアの自由」が失われてしまうのではないか。

テレビの選挙特番では、各党の意見を横並びで紹介するのが通例になっている。だからといって、番組に登場する司会者やコメンテーター、ジャーナリストに自分の意見があってはいけないのか、と言えば、そんなことはない。

最近は自分自身の政治的な意見表明は極力、控えるコメンテーターたちが目立つが、たとえば田原総一朗《たはらそういちろう》のように、意図的と言ってもいいくらいに自分の「独断と偏見」をズバズバと出演者に投げかけて挑発する司会者もいる。それで田原が視聴者に受け入れられていないかと言えば、そんなことはない。視聴者もわかっているのだ。そもそも自分の意見がなければ、言論の自由も表現の自由もない。

メディアに色があってはいけないのか。言い換えれば、メディア自身に意見や主張、立ち位置があってはいけないのか。私は、そんなことはないと思う。それは言論、報道の自由の根幹にかかわる。公の秩序をいたずらに乱さない限り、何をどう伝えてもいい。それが本来、メディアやジャーナリストに期待されている役割でもあるはずだ。

現実はどうかと言えば「我が社はこういう主張を掲げて選挙を報道する」というように、政治的立場をはっきりさせたうえで報道するメディアは、日本では例外的な少数にとどまっている。テレビではなおさらである。

元民主党衆院議員、元イェール大学助教授で内外の政治状況に詳しい斉藤淳《さいとうじゅん》(現在は英語塾経営)は、「日本では左寄りと思われている新聞でさえも、表面的には『客観性』と『公平性』の呪縛にとらわれている」と指摘する。それくらい中立・客観性原則の壁は厚い。

政治的な横並び報道はどの国でも同じなのだろうか。実は、そうでもない。アメリカでは、国際報道で知られたＣＮＮがここ10年ほど、保守的なＦＯＸとリベラルなＭＳＮＢＣに押されて視聴率競争で負けている状況がある。早稲田大学教授の若田部昌澄は「視聴者が見たいと思う放送局を選ぶ傾向が強まっている」と言う。

つまり保守的な人はＦＯＸを、リベラルな人はＭＳＮＢＣを好んで見るというように、視聴者が自分の色に合ったメディアを選ぶ。その結果、何が起きているか。メディアが視聴者の好みに合わせて立場をはっきりさせるようになった。

同じ一つのメディアが多様な意見を報じるのではなく、立場のはっきりした複数のメディアが競争し合うことによって、全体として多様性を確保する。そんな状況が生まれつつある。メディア間の競争が多様性を保障しているのである。

テレビが流す「街の声」という欺瞞

日本でも似たような状況がなくもない。斉藤は「その萌芽はツイッターに代表されるＳＮＳの登場にみられる」と言う。

いまやニュースはテレビや新聞でなく「ツイッターやフェイスブックで知る」という人が増えつつある。ツイッターは「気に入らなければ相手をブロックする」という世界である。するとツイッターでニュースを知る人は知らず知らずのうちに「自分が好きな人からニュースを得る」という状況になっていく。入手するニュース自体が「自分の好きな人が発信したニュース」なのだから、目にするのは「自分が読みたいニュース」ばかりになるのだ。フェイスブックとなると、そもそも初めから自分が承認した人以外とはコミュニケーションをとらないから、なおさらだ。つまり、SNSが人々の「嗜好による選別」を加速させているのである。

斉藤はそんな状況を「読者の側が中立・客観性原則を乗り越えている」と表現した。そのうえで「ただし」と付け加える。「だからといって、ツイッター情報を全面的に信用しているかと言えば、そこは〝お墨付き〟もほしい。そこで新聞のような〝権威〟を求める。いまは過渡期なんですね」

では、新聞やテレビの既存メディアは中立・客観性原則の下で「独自の色」を出すことを完全に抑制しているかと言えば、そうとも言えない。たとえば「街の声」報道だ。ある問題をめぐって賛成と反対の人を画面に登場させ、それぞれ意見を述べさせる。あるいはボードに○や×を書かせて「街の意見はこうでした」とリポートする。

斉藤は「あれは、あきらかに世論操作。初めからストーリーがあって、それを正当化する道具になっている。私たちにとっては、街の声を知るというより、そのメディアの報道方針をつかむために有益ですね」と皮肉った。

世論調査についても「統計学的にあきらかにずさん。たとえば誤差率が公表されていない。調査を実施するタイミングも意図的な感じがする。世論調査というより政治の一部になっているのではないか」と批判する。

日本のメディアも実は、それぞれ主張や意見はある。だが中立・客観性原則の建て前から完全に自由にはなれない。そこで街の声や世論調査といった客観的な装いを凝らして、そこに自分たちの見方や主張を忍び込ませようとしている。そういう事情が読者、視聴者たちにも透けて見え始めているのではないだろうか。

メディアが客観性を装うのはなぜか。斉藤は「実は案外、単純な理由かもしれない」と興味深い見方を披露した。それは意外にも「日本語と英語の違いではないか」と言うのだ。

日本語での論述はまず全体状況の解説から入り、結論は最後、といったスタイルが一般的だ。ときには結論を言わずに、どこまでいっても状況の解説だけという場合もある。

これに対して、英語の論述は「結論―補強」「結論―補強」というパラグラフの繰り返しになる。「まず自分なりの仮説を立ててみて、それを後から検証する。そういう作業を通じて、ダメなものを少しずつ捨てていく。それが英語の発想法です」と斉藤は言う。

「日本の学生と接していると、とにかく知識を詰め込もうとする。東大の学生は公務員試験の解答暗記に必死で、まったくばかばかしい。まるで『人間ウィキペディア』になろうとしているようですね」

もしかしたらジャーナリストも、官僚志望の学生のように答えを間違ってしまうのを恐れて、中立・客観性原則に逃げ込もうとしているのではないか。そうだとしたら、大変だ。肝心の自由闊達さが失われてしまいかねない。

現場の取材記者だけでなく、社説を書く論説委員になっても、判断に迷う問題にぶつかると、すぐ官僚や専門家に電話して意見を聞こうとしたりする。自分で考えずに、まず受話器を握る。本人は意見を聞いているつもりでも、実は自分の意見を固めるために「権威」の裏打ちを求めているにすぎないのではないか。そういう安直な姿勢こそが、メディアの自殺につながるのだ。

税金を配って税収を増やそうとした民主党の誤り

具体的に、民主党の政策について考えてみよう。

経済政策について考えるとき、私は「どうしたら成長が実現できるか」、さらに成長実現を前提にしたうえで「どうしたら公正な分配ができるか」「国民の負担はどうなるか」といった視点を基本に据える。2013年7月の参院選では、まさにその問題が真正面から問われた。

自民党は安倍晋三首相が提唱するアベノミクスを用意して、景気回復とその後の安定成長実現を訴えた。つまり大胆な金融緩和と物価安定目標、機動的な財政政策、規制改革を柱とする成長戦略というパッケージである。

三つ目の規制改革はまだ不十分だが、まずは成長を目指す姿勢とそのために用意した政策は基本的に正しい。世界標準の経済政策にも沿っている。あとは実行できるかどうかだ。

これに対して、民主党は所得再分配を重視する一方、成長を実現する政策がまったく不十分だった。海江田《かいえだ》万里《ばんり》代表はじめ党幹部たちが一貫して唱えたのは「健全な消費が成長を促す」という考え方である。それをどう実現するのかと言えば、党首討論や記者会見などを通じて、子ども手当（新児童手当）や高校授業料無償化、農家への戸別所得補償であると説明した。

この三つの政策、すなわち子ども手当と高校授業料無償化、農家への戸別所得補償の原資は何かと言えば、いずれも国民から徴収した税金である。つまり民主党は政府が国民から税金を集め、それを子ども手当などの形で国民に再分配するという政策によって「健全な消費」、ひいては成長を実現する、という政策を掲げて選挙に臨んだ。

私に言わせると、ここが基本的に間違っている。

まず、政府はどうやって税収を得るのか。景気が悪くて企業が赤字だったら、法人税収は増えない。所得税収も増えない。消費税収も増えない。景気が悪かったら、税金を国民に再分配しようにも、原資の税収が足りないから十分に配れなくなる。

政府が借金してでも徹底して再分配を続けようというなら、やがて政府自身が破綻する。それでは、民主党の「所得再分配による成長」という政策が仮に正しかったとしても、行き詰まってしまう。

補助金や法人税減税などの形で再分配する先が企業であるならまだしも、子ども手当や高校授業料無償化、農家への戸別所得補償の対象は、いずれも家計である。家計は多少なりとも助かるかもしれないが、政府からもらったお金をどんどん使って消費しようという気分には、ならないだろう。それに、そもそも健全ではない。

健全な消費というのは、自分が汗水流して働いて得た所得を基に行う消費ではないか。税金を原資にした消費が健全という感覚が、私にはわからない。税金の元はと言えば、だれかの所得である。このあたりは価値観の問題でもあるだろう。

一言でいえば、民主党は「税金を配る」という話はしても、肝心の「税収を増やす」という政策がない。民主党のロジックで考えても、本来はまず「税収を増やす」政策が先にないと、その次の「税金を配る」政策がうまく回らない。ところが「配る」だけしか言わないから、政策が全体として一貫しないのである。

民主党が「税収を増やす」話をまったく言わなかったか、と言えば、言いすぎかもしれない。なぜなら消費税引き上げを熱心に説いたのは、民主党の野田佳彦政権だったからだ。有名になった野田の「シロアリ退治」公約（政権が交代した2009年8月の衆院選で、増税の前に政府に巣食うシロアリを退治する、と繰り返し街頭演説した）に反してではあったが。

消費税引き上げは野田佳彦政権が自民、公明両党との3党合意で決めた。当時の大義名分は社会保障の充実だった。ところが2013年の参院選で、増税話は影を潜めた。2012年末の総選挙敗北で懲りたのだろう。

増税を言わない代わりに登場したのが「子ども手当などによる健全な消費」という政策だったが、原資の税収はどうするかと言えば、ここで実はこっそりと増税路線が生きている。選挙戦では言わなかったが、「消費税引き上げで子ども手当拡充や高校授業料無償化に回す」という話になっている。「税収を増やす」のは「増税で」という考え方なのだ。

そうなると家計から多くの税金を集めて、家計に再分配するだけになる。それなら「再分配はいらないから、その代わり、元の増税をやめてくれ」という声が上がるのも当然だろう。「政府がよけいなことをするな」という話である。

財務省は多くの税金を集めて再分配することこそが権力の源泉（徴税権＋予算編成権）だから、もちろん増税には大賛成だ。自分たちの存在理由そのものと言ってもいい。結局、民主党の政策をまとめれば、財源は増税で財務省任せ、再分配も厚生労働省や文部科学省、農林水産省など役所任せという話になってしまった。国民は「増税で再分配し成長を？」「それは無理でしょ」と直感で理解したに違いない。だから選挙で負けたのだ。

メディアは政治家が言わない話に迫れ

多くのメディアは参院選の焦点について、景気や経済、原発、環太平洋連携協定（TPP）、憲法改正などさまざまに指摘したが、国民が見ていたのは「景気回復をどう実現するか」の一点に尽きていたと私は思っている。そのうえで、国民は民主党政策の矛盾点をしっかり見抜いていたのである。

では、メディアはどうだったか。私の知る限り、自民党と民主党の政策が根本的にどう違うのか、本質に迫って解説した報道はなかった。

なぜかと言えば、経済政策について記者たちの理解が不十分であるのに加えて、「政党の言い分に予断を交えず、そのまま報じるのが客観報道」という呪縛にとらわれていたからではないか。だが、政党が掲げる政策を標準的な経済学のロジックに沿って考えて、矛盾点を指摘するのは、けっして「予断を交えた報道」ではない。

政党や政治家が言っている話のつじつまが合わない点を指摘するのは、むしろメディアの大事な役割である。選挙という国民の審判を仰ぐ機会に、そんな役割を十分に果たせなかったのはメディアの力不足と言わざるをえない。

民主党が唱えた政策の優先順位、因果関係は本来のあり方とは逆だ。「再分配によって健全な消費を促し、景気を良くする」のではなく「景気を良くして、成長の果実を再分配する」のである。たとえば米国のように、柔軟な市場経済の下で成長力をそこそこ維持しながら、一方で人々に激しい格差があるなら、公正な再分配実現こそが政府の役割と主張する意味はある。成長を目指す環境が整っているなら、再分配が次の重要課題になる。

だが、日本は15年にわたるデフレに苦しみ、先進国に例がない20年にも及ぶ大停滞を脱出できていない国なのだ。そういう状態では、まずは成長実現である。成長なくして再分配を唱えても、貧者の奪い合いにしかならない。そういう指摘がメディアから出てこなかった。

メディアが独自に「政党が唱える政策の全体像」を描いてみようとするなら、政党や候補者が語らなかった部分にこそ迫るべきだった。

自民党で言えば、アベノミクスのその先、つまり「成長についてはわかった。では再分配はどうするのか」と聞く。民主党はその逆だ。「再分配はわかった。では成長をどうするのか」である。つまり双方が言わなかった、あるいは軽視した部分をメディアが追及するのである。

私は、これこそメディアの仕事と思う。政党や候補者が言わない、触れない話に迫る。自分たちが独自の立場に立って、相手の政策体系の不十分さ、矛盾点を突いていくのだ。だが、それにはメディアの側が「成長と再分配」という経済政策の基本軸について、よく理解していなければならない。基本の理解を抜きに議論をふっかけても、話は混乱するばかりだ。政党の間に入って議論を整理整頓していくには、メディア自身の考え方と座標軸がしっかり定まっていなければならない。

「政治の正統性」に鈍感なメディアの体質

政治報道で多くの人が夢中になるのは、永田町の権力争いや大物政治家同士のけんか、離合集散だ。たしかに「だれが勝ちそうか」とか、「だれとだれがくっつくのか」「だれが弾き飛ばされるのか」といった話は面白い。だからといって、それが政治の本質に迫っているかと言えば、私にはどうも物足りない。

私は自分の署名コラムでしばしば政治問題を扱っているし、政治をテーマに話す機会も多い。ところが、私自身はいわゆる「政治記者」の経験はまったくない。政治部に属したこともない。それでも政治をテーマにする一つの理由は、「正統性」に強い関心を払っているからだ。正統性の観点から日本の政治を見ていると、言いたいことが山のように出てくるのである。

逆に言うと、日本の政治には正統性のあやしい話がたくさんある。加えてメディアの側も、どうも正統性問題について感度が鈍い。新聞やテレビは、ほとんど正統性問題を正面から指摘しない。というか、無頓着であるように見える。

政治における正統性とは何か。簡単に言えば、権力をもった政府や政治家が国民に対して権力を行使しようとするとき、行使するのに正当な原理的理由があるかどうか、という問題だ。英語では「legitimacy（レジティマシー）」という。

たとえば、税制や予算の決定、法律の制定、その執行は権力行使という一面をもつ。徴税は強制であり、徴税逃れは刑罰の対象である。そんな強制力＝権力をもって国民に向き合おうとするとき、政治家や政府は「それが妥当である」という正統性がなければ、権力を行使できない。

なぜ政府が権力を行使できるか。それは、そもそも国民が選挙で議員を選ぶというプロセスを通じて、議員の多数決で成立した政府が国民から権力の行使を負託されているからだ。国民が選挙で選んだ政府が権力を行使するのは、国民からみると自分自身に代わって代理人が行使しているにすぎない。

だから肝心なのは、もちろん選挙だ。国民が自分たちの代理人を選ぶ選挙というプロセスが正しく機能している限りにおいて、権力の行使になにも問題はない。だが、選挙が正しく機能していないなら、議員ひいては政府に権限が委任されたとは言えない。つまり、権力を行使する正統性がない。そういうメカニズムである。

安倍政権では改憲できない理由

具体的に言おう。たとえば、安倍晋三政権は憲法改正を唱えている。だが安倍政権には、現実に憲法改正に動き出す資格があるのだろうか。私が思うに、正統性はない。百歩譲って容認できるのは、国民に向かって「みなさん、憲法改正が必要ではありませんか」と訴える。そこまでだ。

なぜなら、2012年12月の総選挙で成立した現在の衆院は、ほとんど違憲と考えて間違いないからだ。全国16の高裁判決で14件が違憲、うち2件は総選挙そのものを無効とした。残る2件は違憲状態という判断である。最高裁は2013年秋にも最終判断を示す見通しだが、高裁段階で16分の14、すなわち8分の7の判決が違憲だったのだから、最高裁でも違憲判決が出る可能性は十分にある。裁判所の判断をうんぬんする前に、私自身がいまの衆院は違憲であると思っている。

ということは、いまの衆院議員は「違憲の議員」になる。そんな違憲議員の多数が選んで成立した安倍政権もまた「違憲の政権」である。違憲の政権が主導して、改憲に動き出すこと自体が根本的に矛盾している。つまり、政治的正統性がない。

だから、安倍政権がどんなに改憲を訴えようと、いまの衆院と政権を前提にする限り、実際に改憲に動くことはできない。これは原理の問題である。言い換えれば、改憲を訴えていたとしても、それは先に述べたように「国民の皆さん、憲法の問題をしっかり考えましょう」という「議論の話」でしかないのだ。

国民の間に改憲論議を巻き起こす。それ自体には意味がある。誤解のないように言うが、私自身は憲法改正に賛成である。だから改憲に反対するために、こんなことを書いているのではない。むしろ逆だ。

本当に国民の支持を得て改憲するためにも、具体的な一歩を踏み出す前に政権自身が正統性を回復しなければならない。そのためには、まずは衆院を解散して国民が政権を選び直すのが先決である。もっとも、2013年6月の通常国会で成立した0増5減の公職選挙法改正で十分、合憲と言えるかどうかは別問題だ。それでも、少なくとも現状を放置するよりはましだろう。

政治的主張や決定に正統性があるかどうかを監視すべき立場にあるのは、三権分立の下で、まずは裁判所だ。それからメディアである。現状はと言えば、裁判所が違憲判決を下しているのに、メディアの追及は甘い。判決が出たときこそ、各メディアは「違憲状態を正さないのは国会の怠慢」と批判した。だが、肝心の政治報道ではどこまで追及できたか。

私の知る限り、憲法改正が大きな焦点になった参院選でも、それ以外の局面でも、「安倍政権は違憲の政権であり、したがって改憲を唱える正統性がない」という論点をしっかり打ち出したメディアはない。私自身は繰り返し、この問題を指摘してきた（＊14）。違憲問題のハードルをクリアしない限り、憲法改正論議も本物にならないと思うし、クリアしないまま改憲論議だけが先行しても結局、改憲はできないと思う。

憲法改正問題とは、正統性をめぐる問題そのものでもある。第9条は「国権の発動たる戦争と、武力による威嚇又は武力の行使は、国際紛争を解決する手段としては、永久にこれを放棄する。前項の目的を達するため、陸海空軍その他の戦力は、これを保持しない。国の交戦権は、これを認めない」と定めている。

つまり、9条問題とは権力行使の最終形である「国権の発動たる戦争と、武力による威嚇又は武力の行使」が、どういう場合に許されるのか、あるいは許されないのか、という問題である。権力行使の問題そのものなのだ。そうであれば、憲法改正を掲げる政権を相手に政治を報じ、また論評するとき、メディアは正統性問題について敏感でありすぎるくらい敏感でなければならない。

政治は政治部、裁判は社会部の縦割り組織

メディアが政治報道で憲法改正の正統性問題について多くを語ろうとしない背景には、縦割り取材体制の問題がある。ほとんどの新聞やテレビでは、政治の話は政治部の担当だが、裁判は社会部の担当という体制になっている。この縦割り取材体制こそが正統性問題について追及が甘くなる真の原因ではないか。私はそうみている。

政治部は高裁で相次いだ違憲判決について、もちろん承知しているが、判決そのものを報道したり分析・評価するのは社会部記者の仕事である。社説を書くのも裁判担当すなわち社

会部出身の論説委員だ。政治担当論説委員の意見を聞くことはあっても、裁判担当の論説委員が政治そのものの分析・評価に足を踏み入れることはない。逆に政治担当論説委員が裁判について社説を書くこともない。それが縦割り取材・論説体制の掟である。

だから「違憲の性格を帯びた安倍政権が改憲を唱えるのは矛盾である」という論点は、違憲判決＝社会部の仕事、安倍政権の改憲主張＝政治部の仕事というように、縦割り断面の崖下に落ちてしまって、だれも指摘しないという話になってしまうのだ。

社会部が担当するニュースで正統性問題が出てくる場合もある。2012年6月に当時の小川敏夫《おがわとしお》法相は東京地検特捜部検事による捜査報告書虚偽記載問題で、特捜部に対する指揮権発動を考えていたことを退任記者会見であきらかにした。

報告書虚偽記載の事実は当時からほぼあきらかであり、小川の指揮権発動は暴走した特捜部に対する政治のチェック機能を働かせるために、まったく妥当な選択であった。特捜部のような権力機構がデタラメな捜査をしたとき、国民によって選ばれた政府の閣僚が断固として介入し不正をただすのは、まさしく正統性のある行為である。

ところが、当時の新聞は「指揮権発動は政治の不当介入」という先入観にとらわれて小川の判断と行動を批判した。「そんなことを許せば、暗黒政治の時代に逆戻りする」と言わんばかりの論調で書いた新聞もある。これは政治と統治行為の正統性について、まったくの無知をさらけ出したケースだったと言ってもいい。

新聞は検察の無謬《むびゅう》性を頭から信じきっていて、政治家が検察の行動に関与しようとすると、反射的に「政治介入」などと批判するのが常だった。ようするに、新聞は「検察のポチ」だったのだ。

もっと言えば、社会部記者たちには「ここは俺たちの領分。政治部が付き合っている政治家のような連中に口出しさせてたまるか」という意識があったかもしれない。そうだとすれば、まさしく縦割り取材体制が取材姿勢や記事にも反映していた形になる。

斉藤淳は、学問の立場で政治を考える重要な概念として、「正統性」や「平等」「市場や競争を支える枠組み」「秩序＝平和と安定」「支配と階層」「忠誠心あるいは価値への帰属意識」などを挙げた。

これらは、いずれも政治学だけでなく、実は政治ジャーナリズムにとっても重要な鍵になる概念ではないか。たとえば、平等とはなにか。結果の平等か、機会の平等か。結果の平等を重視する立場からは、所得再分配が政府の重要な仕事になる。

2013年7月の参院選で民主党が子ども手当や高校授業料無償化などを訴えたのは、まさしく所得再分配重視の政策である。これに対して、機会の平等を重視する立場であれば、政府は機会に恵まれない人々や再起を期す人々にチャンスを与えることが重要であり、結果は後からついてくるという話になる。

それは、政策の違いそのものにつながる。その違いを掘り下げていけば、政党や議員、候補者たちが有権者になにを訴えているのかがあきらかになる。耳触りはいいが、実は何を言っているのかわからないような訴えの本質をメディアがえぐり出すことで、有権者に対して選択肢を提供できるのだ。

「報道は真実で客観的なもの」という思い込み

メディアは「真実の報道」や「客観報道」をうたっているが、真実にはさまざまな側面がある。では、読者、視聴者はメディアの報道をどう受け止めればいいのだろうか。

報道は記者が取材相手から話を聞いて記事にしたり、番組のニュースにまとめたりする作業である。だから、報道は少なくとも記者と取材される人という2人から成り立っている。その際、記者が「真実を客観的に報じよう」と思っていたとしても、必ずしも取材される側は「真実を客観的に伝えてくれ」と思っているわけではない。

つまり、記者と取材相手には、それぞれ違った動機と思惑がある。読者、視聴者はこの違いをまず、はっきりと認識すべきだ。ここを最初に間違えてしまうと、「報道は真実であり、客観的なものだ」という思い込みを抱いたまま、情報に接することになってしまう。

これは取材される側に立って考えてみれば、すぐわかるだろう。あなたが何かの件で記者から取材を受けたとする。たとえば、あなたがだれかを相手に裁判で戦っていて、その事情を記者に話すとすれば、あなたはもちろん「自分の側に理と正義がある」という前提で話すだろう。

相手側にもそれなりに言い分があるはずだが、あなたは「あちらの話も半分、正しいです」とは言わないはずだ。そんなことを言ったら、自分が不利になるだけだ。あなたが企業の広報担当者で自社製品を宣伝するなら、もちろん記者には「この製品がいかにすばらしいか」という話をする。「この製品には、こんな危ない部分があります」などという話をするわけがない。

政策をめぐる話もそうだ。官僚は「私が考えている政策は正しく、国にとって良いことです」という前提で記者に話をする。間違っても「私の政策は正しいが、実はこんな問題点もあるんです」というブリーフをする官僚はいない。

政治家も「俺が言っている話は国のため、地方のため、国民のためなのだ」という前提で話をする。ライバルの政党や政治家については「アイツの話は大間違いだ、そんなことをしたら国が滅びる」と考えて、できれば蹴落としたいと思っている。ときどき「俺が言っている話が正しいのだが、アイツの話にも一理ある」という政治家もいるが、基本は党の内外で権力闘争を勝ち抜くことだ。だから「自分が正しい」というのが大前提である。

つまり、取材相手はだれでも自分の立場を主張するために記者に接している。これに対して、記者の側は「一人の話だけでは危険だから、できるだけ幅広く取材して公平かつ客観的に記事を書こう」と思っているだろうか。ずばり言うが、思っていたとしても、あくまで建て前にすぎない。実際には、ほとんどそうなっていない。

多くの場合、記者が1本の記事を書く情報源は一人か、多くてせいぜい2~3人である。なぜかと言えば、40~50行程度の雑報と呼ばれる新聞記事は、一人に取材すれば、それだけで記事が書けてしまうからだ。

150~200行もある長い記事ならともかく、普通の雑報で2~3人も取材したら、情報があふれてしまって書き切れない。すると雑報記事には取材した一人の主張や意見、見方が必ず反映されることになる。読者は、そこに隠れた主張や見方を読まねばならない。

だから読者が記事を読むときは、「この記事はだれから取材したのか」にまず注意を払う。そして記事中の見方や意見、ちょっとした言葉遣いに織り込まれた「印象」や「ニュアンス」は記者のものか、それとも記者が取材した相手のものかを、しっかり判断する必要がある。

情報源が匿名になる真の理由

取材相手が明示されていなかったら、なおさらだ。「取材相手をなぜ明示していないのか」「記者が伏せたのか。それとも取材相手が匿名を希望したのか」「いや、そもそも匿名を前提に取材に応じたのか」「そうだとすれば、なぜ匿名でしか取材に応じなかったのか」。そこにも考えをめぐらせたほうがいい。

とくに官僚は匿名でしか取材に応じない。新聞で「○○省の××課長がこう語った」などという記事は、まず目にしたことがないだろう。新聞の硬派記事は「政府はこれこれの方針を固めた」というスタイルが普通である。ところが、そんな記事にも実は、必ず特定の情報源がいる。「政府はこれこれの方針ですよ」と記者に語った「××課長」は存在するのだ。

にもかかわらず、××課長の名前が出てこないのはなぜか。官僚に言わせれば「方針を決めたのは、政府であって私個人ではないから」という話になる。だが、真の理由は違う。匿名で語ることによって、自分自身の責任を回避する。これが一つ。

もっと重要な真の理由は「自分たちに都合がいいように政治や政策の流れを誘導したい」という思惑があるからだ。本当は、方針がまだ正式に決まっていない。だが、新聞が「方針が固まった」と書いてくれれば、既成事実になって、実際にそういう方向に決まる可能性が高くなる。官僚はそういう既成事実化を狙っているのである。べつに「真実を客観的に書いてくれ」などと思っているわけではけっしてない。

2013年9月、消費増税決定の前に「安倍首相は消費税引き上げの方針を固めた」という報道が相次いだ。こういう記事を読むときにも注意すべきなのは、記者は安倍首相から直接、話を聞いたのか、それとも周辺の官僚や政治家から聞いたのか、という点である。つまり情報源だ。

答えは周辺である。首相に直接聞いても「はい、私は方針を固めました」などと答えるわけがない。そもそも首相に一対一のサシで取材できる記者はほとんどいない。渡邉恒雄《わたなべつねお》読売新聞グループ本社代表取締役会長・主筆などほんの一握りである。私も首相から話を聞くことはあるが、なんでも首相から直接聞いて、記事を書いているわけではない。

このケースで言えば、記者の取材を受けた首相周辺の官僚や政治家に「消費税引き上げに向けた既成事実を積み上げたい」という思惑があったのは否定できない。

では一人の情報源に依存せず、複数の人に取材して書いた長い記事なら、どうか。その場合でも賛否を両論併記しているなら、記事自体の中立・客観性は高まる。ただし、それでも記者自身の意見や主張、見方は必ず混入する。そこをどう考えるか。

なかには「事柄の是非を判断するのは読者に委ねるべきだ。記者個人の見方は不要だ」という意見もある。私はそう思わない。むしろ逆だ。記者は神様ではないから、意見や見方が記事に反映するのは避けられない。無色透明の立場はありえないし、取材を通じて自分の考えが固まってくるのは、それだけ綿密な取材を重ねたからでもある。

そうであれば、「これは私の見方である」あるいは「取材相手の意見である」という点をはっきり示して、記事にそう書くべきだ。そのうえで、どう判断するかは読者に委ねる。「意見の出所」がはっきりすることで、読者は記者の判断や見方を参考にできる。

出所がはっきりせず、中立・客観性の衣をまといながら、実は内容が偏っている。政策をめぐる報道では、そんなケースが実に多い。読者はそこを読みとったうえで、自分自身の見方や判断を固めていく手がかりにすべきである。

こう書くと「いや、私は新聞に正しい見方や判断を期待しているのだ。それにもかかわらず、読者に『正しく判断しろ』と言われると、困ってしまう。正しい情報もないのに、どう判断したらいいのか」と思われるかもしれない。実際、私はある講演で参加者から、そういう質問を受けた。

それには「新聞に正しい判断を期待するほうが無理なのだ」と答えざるをえない。よく考えてみてほしい。政府が誤った判断に基づいた政策をしたとして、新聞がそれを批判したとする。新聞が正しいなら、政府が誤りである。もちろん、そういうケースはある。

だが、実は政府が正しくて新聞が誤っていたら、どうなのか。私はそういうケースもあると思う。私の立場で言えば、多くの新聞が消費税引き上げを唱えてきたのは誤りだ。政府も新聞も誤っている場合だってある。かつての戦争遂行がそうだった。政府も新聞もこぞって1億総力戦を唱えたのだ。

だから、新聞がいつも正しいとか、政府がいつも誤りなのではない。政府も間違えるし、新聞も間違える。主役は国民だ。肝心なのは、主役である国民自身が政府や新聞の言っている話を、幅広い視野から歪みの少ない状態でしっかり判断できるかどうか、なのだ。

そのために、新聞はじめメディアが幅広く情報を国民に提供できているかどうか。そして、これは実は新聞だけに限らない。政府だって幅広く、かつ適切に情報を公開しているかどうかが、社会の民主的成熟を支える鍵になる。この話は後の章に譲ろう。

第4章

ジャーナリストの仕事、私の流儀

「左翼崩れ」が「ネオコン」に？

読売テレビの人気テレビ番組「たかじんのそこまで言って委員会」に出たときのことだ。メディアやジャーナリストに政治的な立ち位置はあるのだろうか、という話題で盛り上がった。私と同じく活字メディア出身のジャーナリストはこう言った。

「私の先輩たちの時代は『ジャーナリストは左でなくちゃいけないんだ』と言ったもんですよ。政権を批判するのがジャーナリストなんだから、という理屈ですね」。彼の念頭には、1980年代前後に活躍したニュースキャスターや著名記者たちがあったようだ。

一昔前のジャーナリストには、就職前に学生運動を経験した人たちも多かった。学生時代から政府を批判するのが正義と信じ、新聞社やテレビ局に就職して記者になってからも、政府批判をするのが社会に対する職業的使命、と心得ている人々である。後に述べる理由で、私にはこの感覚がよくわかる。

放送出身の別のジャーナリストは、「テレビに登場するジャーナリストは真ん中より少し左というのが、普通の立ち位置じゃないか」と語った。これも基本的には「政府批判こそがジャーナリストやメディアの役割」という理解だろう。

この話をきちんと議論しようとすれば、そもそも「真ん中」とは何か、あるいは右や左とは何かをしっかり定義しなければならない。それはやっかいな話だ。一般的に、右は「ナショナリズム重視」とか「国益重視」、左は「公平な分配重視」とか「戦争反対」といった要素で色分けされる場合が多い。

だが厳密に考えれば、それはほとんど意味がない。左にだってナショナリズムや国益を重視する人はいるし、右にだって狭いナショナリズムの対極にあるグローバリズムや公平な分配を重視し、もちろん戦争反対の人もいる。つまり、右、左という色分けは、極めてあいまいな「雰囲気」のようなものだ。

だから「少し左のジャーナリストが世の中の役に立っているか」となると、それはもう「少し左の雰囲気を漂わせた人の仕事が世の中を良くしているか」という話になって、ほとんど酒席の戯言と変わりがない。いい大人が真剣に議論するには値しないのである。

実は、私も学生運動の経験者だ。高校2年で初めてデモを経験して以来、日比谷公園や清水谷公園の集会・デモに何度も行った。早熟な高校生だった。大学時代には自治会の副委員長を務めて、ストライキを決議した。ゼミはマルクス経済学である。

そもそも、なぜ私が新聞記者になったかと言えば、高校2年のときに学校の図書館がバリケード封鎖され（私がそれに関わったわけではない）、校内に機動隊が入って大騒ぎになった、その件で新聞の取材を受けたのがきっかけである。そこで初めて「記者」という存在を知った。

私を取材した記者は、後に「ウチの社の世論調査のアルバイトをしないか」と誘ってくれた。それで記者と付き合っているうちに「自分もいつか新聞記者になろう」と思ったのだ。大学に入ってストが終わり、自治会活動をやめて就職が迫ったときも、初めから就職先の希望は新聞社以外に考えられなかった。

かつて「左翼崩れの記者」という言葉があったが、それは我ながら、私にぴったりだと思う。だから「ジャーナリストやメディアの仕事は政府批判」という気分はよくわかるのだ。だからといって、私が記者になってからも政府批判を続けてきたか、と問われれば、そんなことはない。普通の記者と同じように、地方のサツ回り（警察の取材記者）からスタートし、東京に来て経済記者になった。そこまでのキャリアで、ことさら政府や官僚、警察など、いわゆる「権力」を批判した覚えはほとんどない。

その後、金融政策を勉強し始めたあたりから日銀のおかしさに気付き、やがて財務省をはじめ中央省庁や官僚に対する批判を展開するようになる。だが、それは私が権力を批判する左の人間だったからか、と問われれば、まったくそうではない。私の言論活動と、左か右かという物差しはまったく関係なかったし、いまでも関係ない。自分では、右とか左とかを意識したことさえない。

だから「ジャーナリストは少し左」という議論を聞くと、「それは、ちょっと違うんじゃないの」というのが、正直な感想だ。だが、世間は違うらしい。冒頭に紹介したテレビ番組での体験は、それをあらためて気付かせてくれた。

私自身に対しても「ゴリゴリの新自由主義者」とか、ひどい場合は「ネオコン」といったレッテルが貼られたりするときがある。職場でも「長谷川は新自由主義者だ」などと言われたりするが、それらをどう感じるかと言われれば、私はただ、あきれているだけだ。

そんなセリフを耳にすると、私はいつも「あなたは新自由主義ってどういうものか、ちゃんと理解しているのか」と問いたくなる。実際に問うまでもなく、ほとんどの場合、まともな答えは、まず期待できない。こういうセリフを吐く人に限って、きちんとした経済学の教科書をただの1冊も読んだことがないのだ。それはちょっと話してみれば、すぐわかる。

私自身は経済学の教科書で「新自由主義とはこういうものだ」という解説にお目にかかったことが一度もない。あえて目の前の本棚を探せば、ジョージ・ソロスの『グローバル資本主義の危機』（日本経済新聞社、1999年）やジョン・グレイの『グローバリズムという妄想』（同）などだろうが、これらは、いわゆる教科書ではない。経済理論でもない。いわば啓蒙書だ。

新自由主義をめぐる議論は社会思想や時代史の論評としては面白いだろう。だが、具体的な政策をめぐる議論で、そんな主義を持ち出してみたところで、ほとんど意味はない。「お前は右だ」「左だ」「新自由主義者だ」「ネオコンだ」という類いは単純なレッテル貼りである。中身の議論で解を見いだす力がないから、相手にレッテルを貼って、何事かを言ったつもりになっているだけの話ではないか。

夢想家ほど政策をイデオロギーで語りたがる

肝心なのは、あくまで政策の中身である。

これまで書いてきたように、政策とは、経済成長を目指すのか、目指さないのか。成長と分配の関係をどうするのか。行政のコスト負担はどうするのか。民主主義の統治をどう実現するのか。政治活動に正統性はあるのか、ないのか。国の平和と安全保障をどう維持するのか、といった問題である。

それらを現実世界に落とし込むと、すべて具体的な課題である。けっして右か左かといった抽象的概念のテーマではない。ましてイデオロギーでもない。そういう具体的課題を合理的に議論して、よりよい解を見つけようとするとき、右か左かといったイデオロギーで語るのは議論を混乱させるだけだ。

それは、さまざまな場所で生の議論を体験した私の実感でもある。イデオロギーで語っていたら、それこそテレビ番組で1時間ももたないだろう。「あなたと私は立場が違う」。それでおしまいである。

具体的に言おう。たとえば、北朝鮮の核ミサイル問題をどう考えるか。

私は、核の脅威はリアルだと思う。だから皇居や東京・市ヶ谷の防衛省が狙われたときに備えて、自衛隊がパトリオット・ミサイルによる迎撃準備を整える。日本海にイージス艦を展開する。さらに、京都府に米軍がミサイルを追尾するXバンドレーダーを配備するのを認める。それらは必要だと思うし、実際にそうなっている。

北朝鮮が核ミサイルを撃ったときに、日本はどうするのか。日本が狙われたら迎撃するが、グアムやアラスカなど米国が目標なら集団的自衛権の行使になるから迎撃しない。そんな話が通用するだろうか。私は通用しないと思う。だから、集団的自衛権の行使容認にも賛成である。

こういうテーマをイデオロギーで語るとどうなるか。

安倍晋三政権がすることは右の路線だから、なんでも反対。最初から結論ありきで、議論はそこから一歩も前に進まなくなる。これは、実際にテレビ番組の討論で起きた。北朝鮮の核ミサイルに対して、標的が日本か米国かで日本の対応を変えるのか、という問いに対して、日本共産党の議員は「そういう事態にならないようにするのが政治だ」と答えた。

そういう事態にならなければ、もちろんいい。それは当たり前だ。だが、残念ながら、なったときに備えるのがリアルな政治ではないか。ならない事態を想定して「あとは考えない」のは、希望的観測にふける夢想家である。

こういう話は新聞の社説でもある。たとえば、東京新聞は「集団的自衛権を考える　なし崩し変更許されぬ」と題した大型社説で、どこかの国が米国を弾道ミサイルで狙う事態を念頭に、「何より奇妙なのは、世界最強の米軍にいずれかの国が挑む前提になっていることだ。起こり難いことを議論すること自体が怪しい」と書いた（2013年8月9日付）。

私は、北朝鮮が米国を弾道ミサイルで狙うようなことがあってほしくはない。だが、そういう事態が「起こり難い」とは思わない。むしろ、起きるかもしれないことを前提に議論するのが政治でなければならない、と思う。そうでなくては、国民の安全と生活を守れないではないか。福島第一原発事故で、「事故は起こりえない」という希望的観測に頼ることがどれほど危険で誤っているか、日本人は痛いほど学んだはずだ。

私が勤務している新聞社の社説をこういう場で批判するのはいかがなものか、と思われる読者のために、あえて一言付け加えよう。私は社内の議論でも、実はまったく同じことを指摘した。そのうえで、この社説は掲載されている。だからといって、私の意見が世の中から封殺されてしまうわけではないし、そういうことはあってはならない。それは当然である。

テレビと新聞の仕事はまったく別物

私は本業である新聞のほかにも、これまで月刊誌や週刊誌、書籍、テレビ、ラジオ、ネット媒体などで幅広く仕事をしてきた。テレビでは、田原総一朗が司会を務める「朝まで生テレビ!」や「激論!クロスファイア」、あるいは「ビートたけしのTVタックル」「たかじんのそこまで言って委員会」など名物番組に出演する機会も得た。そこで、私が体験して感じた新聞とテレビの違いを考えてみる。

「マスコミ」や「メディア」などと一括りに言われるが、情報を発信する側から言うと、媒体によって実はかなり仕事の仕方が異なる。とりわけ活字媒体とテレビはまったく別物と言ってもいい。

どう違うかと言えば、活字は基本的に自分が一人で考えて書く作業だ。相手はいない。ところが、いま挙げたようなテレビ番組は必ず相手がいる。そこが根本的に違うのである。

活字の世界とは、まさにいま、この原稿をパソコンに向かって書いている最中がそうなのだが、だれとも会話せず、一人でテーマを決めて話を展開していく孤独な作業である。だから、何かに触発されるとしても、それは基本的に自分自身がひらめくしかない。待っているだけで、だれかが私にアイデアやヒントを与えてくれるわけではないのだ。

私の場合は、週に2本抱えている連載コラムのテーマや話の展開を四六時中、いつもずっと考えている。ベッドの中で突然、ひらめくときもあれば、電車の中で思いつくときもある。流し読みした新聞や雑誌の記事がヒントになるときもある。だが、それ以上に自分自身の感性が研ぎ澄まされているかどうか、のほうがはるかに重要だ。

残念ながら、私はいつも感性が研ぎ澄まされてはいないので、記事を読み飛ばした後になって「あの話はどこか、おかしいんじゃないか」と気付くときのほうが多い。もちろん、読んだ瞬間に「これはおかしい」と感じる場合もあるが、そういうケースはたいていコラムで取り上げるほど、面白い話にはならない。

面白い話になるのは、どういうわけか、いったん見過ごしていて、少し時間が経ってから「あ、あの話はあそこがおかしいんだ」と気付くケースなのだ。それは、私の能力がその程度だからである。だが、活字の仕事というのは、多かれ少なかれ、そういう面があるのではないか。

つまり何事かを書いて人に伝える仕事というのは、活字に落としこむ前に、一人になって、じっくり考えてみるプロセスが不可欠なのだ。

ところが残念ながら、新聞のような活字メディアの現場では、いったんじっくりと自分の頭で考えてみる作業を抜きにして、取材相手から話を聞いた途端、直ちに記事を書き始める記者が多い。自分もそうだったから偉そうなことは言えないが、それはなぜかと言えば、実は最初からそう訓練されているからだ。

記者たちは駆け出し時代から「見たまま聞いたままをすぐ文字にする」作業を繰り返し練習させられている。「勧進帳《かんじんちょう》」といって、ペンもメモ帳も持たず、いったん活字にすることすらなく、事件や事故の現場で見たまま聞いたままを電話で「喋って」原稿にする修練の技がある。喋りが、そのまま原稿になるのだ。

新聞社では、そんな勧進帳ができるようになると、一人前の記者とみなされるようになる。新人には神業のように思えるが、なんのことはない、実は事件や事故の記事には定型のスタイルがある。それさえ覚えてしまえば、定型スタイルに合わせて時間や場所、人の名前、状況などを喋るだけなので、たいていはなんとかできるようになる。

もちろん、いつまで経っても勧進帳ができない記者もいて、そういう記者は「できない奴」と馬鹿にされたりする。だが、本当はそんな定型スタイルでしか記事を書けない記者のほうが、はるかに「できない記者」なのではないか。

なぜなら、事件や事故の記事に定型があったとしても、世の中の森羅万象を描けるような定型などあるはずがないからだ。だからこそ記事は本来、中身もスタイルも自由自在でなければならない。新聞は新人記者たちに勧進帳スタイルを学ばせることによって、実は自由な発想と描写力の可能性を奪っているのかもしれないのである。

いったん「考えてみる」プロセスを抜きにして、人から聞いた話をすぐ文字にするような仕事を続けていては、いつまで経っても記者やジャーナリズムの自立は望めないだろう。自分の考えはないも同然の仕事ぶりだったとしたら、相手の言い分を垂れ流すだけに終わってしまう。これも原理である。

最近では取材相手から話を聞いた直後どころか、相手が会見で喋るそばから、記者がパソコンのキーボードに発言内容を打ち込むのが当たり前になってしまった。まさに記者がレコーダーの作業をしているのである。そこに記者の頭脳が働く余地はない。だからこそ、記者から質問すら出なくなってしまった。相手の発言を聞いて、なにか心に引っかかるものがあったとしても、キーボードを打ち続けていたら問題を突き詰めている暇はない。後は疲れて昼寝するだけだ。

自分の疑問や問題意識よりも、「デスクが早く発言を送れと待っている。相手の話の記録が先だ」という仕事の仕方が普通になっている。記者もデスクもそれが異常と思わない。あきらかに活字ジャーナリズムの劣化である。

もう一度、記者が「考えて書く」という当たり前の姿を取り戻さねばならない。それが活字ジャーナリズムの最大の課題である。

事前に書いてからテレビで話す

一方、司会者なり討論の相手がいるテレビは、まったく事情が異なる。相手の話をじっくり聞いて考え込んでいたら、自分が発言する前に番組が終わってしまう。相手の二言三言を聞いてポイントがわかったら、途中で相手の発言をさえぎってでも、自分が言いたいことを言わなければならないのだ。

はっきり言って、私はそういうふるまいが非常に苦手である。

なにより、それは相手に失礼だと思うし、相手の発言をさえぎるほど自分の意見が立派だとも思っていない。討論番組で、よく自分の言いたいことだけを自信満々に、しかも延々と言う論者と一緒になるが、そういう人を見ると「この人はよほど自分に自信があるんだな」

と思って感心してしまう。げんなりすることもたびたびだが。

私は発言する前に、自分の結論は何か、結論に至るまでのロジックはどういうものか、をしっかり意識している。相手に反応してすぐ発言しているように見えるかもしれないが、どうしてそうなるかと言えば、実はたいてい、そのテーマについて事前に活字で書いたことがあって、自分なりに整理がついているからだ。

活字にした段階で、一応は自分なりに考えて結論を出しているから、パパッと話し始めても、すらすらと結論まで辿り着けるのである。逆に言うと、自分が一度も考えたことがない、あるいは活字にしたことがないような話題だと、とてもそうはいかない。活字で書いてもいないのに話せる人に会うと、「本当にすごいな」と感心する。

だからテレビ番組で、私にとって「初登場の話」に出会ってしまったときは大変だ。「ふんふん」と相槌を打っているだけでは役目を果たせないから、まずは相手の話をじっくり聞く。と同時に、大急ぎで自分の頭をフル回転させ、自分がそこで何を言えるか、結論とロジックを考える。

それで何も思いつかなければ、それまでだ。黙ってやりすごす以外にない。もちろん、「ああ言えばよかった、こう言えばよかった」と後悔するのは、毎度のことだ。

これは、ほとんどスポーツと同じである。テニスでは相手がどこにボールを打ってくるかわからないから、ひたすらボールの動きを見定めながら、パッと動いて、体勢を整えて打ち返す。議論もそれと同じなのだ。

うまく打ち返せるときもあれば、打ち返せないときもある。ただし、これは訓練で上達する。普段から、とにかくロジックのしっかりした人と議論していれば、自分もだんだんとしっかりしてくる。ある意味、結論はどうでもいい。結論を支えるロジックとキメの細かさこそが肝心である。

逆に、いつもロジックが混乱していたり、あいまいで、印象や感情に基づく結論だけを押しつけるような人と話していても、議論力は上達しない。結論はまったく自分と反対でもいいから、しっかりした論理構成で語れる人こそが貴重である。

その意味では、私は高橋洋一（元財務官僚）や原英史《はらえいじ》（元経産官僚）、古賀茂明《こがしげあき》（同）らを友人に持てたのは恵まれていた。彼らといつも意見が一致するわけではないが、少なくとも彼らの話はいつもロジックがとてもしっかりしている。

彼らに限らず、霞が関の官僚たちは結論はともかく、論理性という点では優れた人が多い。私は政府の審議会もたくさん経験したが、そういう場で発言するとき、結論はともかく、少なくとも自分の結論とロジックがあいまいだったら相手にされない。

彼らは面と向かって「あなたは何を言いたいんですか」などとはけっして言わないが、

「このセンセイはこの程度」と見くびられてしまう。その意味では政府の審議会に加わったのは（いまも規制改革会議に参加しているが）とてもいい経験だった。

政策作り（すなわち予算と法律作り）を通じて論理や弱点を埋める作業を訓練されている官僚に比べて、民間人はともすれば、ロジックより結論を重視する人が多いように思う。それは多少、ロジックがあいまいでも結論さえ正しければ、事業は成功するからかもしれない。

田原総一朗の名言「ジャーナリズムの反対はマンネリズム」

「テレビの討論番組はスポーツのようなもの」と書いたが、番組をジャーナリズムとして見たとき、何が言えるか。一人でパソコンに向き合う孤独な活字の作業と違って、人との対話ないし議論を通じて、新しい発見の可能性がある。そこが面白いのだ。

新しい発見こそがジャーナリズムを活性化させる。田原総一朗は「ジャーナリズムの反対はマンネリズムである」と言ったが、まさにそうだ。発見のないジャーナリズムは面白くない。存在意義もおそらくない。

活字メディアで記事が面白いか面白くないかを分かつのも、実は新しい発見があるかどうかにかかっている。孤独に耐えて一人で問題点を考え抜き、勇気を持って新たな論点を世間に問うた記事は間違いなく面白い。

それは、たとえ結論が間違っていても、だ。記事による問題提起が、読者が自分の頭で考え始めるきっかけになるからである。そこに刺激を得て、読者の脳内細胞は活性化する。

テレビの討論番組で「議論がダレてきた」と感じるときがある。それは新しい発見も鮮やかなロジックの展開もなく、わかりきった話がだらだらと続いたときだ。あるいは、だれかが指摘した論点を別の人が繰り返して話し始めたようなときだ。

それでも視聴者にわかりやすくするために話を整理して、ときには「こまとめ」のようなフィラー（穴埋め）も必要になる。そんなとき、たとえ結論は同じでも、きらめくような新しいロジックが展開されれば、議論はとたんに輝き出す。

活字メディアの生命線は斬新なロジックと考え抜かれた結論だ。そこに、新しい発見が加われば言うことはない。それは、必ずしも取材相手が提供してくれる話とは限らない。記者自身が考え、追い求めて、自分の力で展開していくストーリーでもある。記者が記者の視点で書く。そこが肝心である。

これに対して、テレビは瞬発力だ。もともと本能的に瞬発力を持っている人もいるが、事前に準備することで、なんとかその場をしのいでいる私のような例もある。そういう貴重な機会を最初に私に与えてくれた田原総一朗には、いくら感謝してもしきれない。

第5章

新聞を出し抜くネット・ジャーナリズム

取材相手に会わずに突き止められた復興予算の流用

東日本大震災の復興に充てるはずだった予算の流用問題が広く知られるようになったのは、NHKが2012年9月9日に放映した「NHKスペシャル　シリーズ東日本大震災追跡　復興予算19兆円」がきっかけだった。ところが、これはNHKの特ダネだったわけではない。実は「週刊ポスト」が2012年8月10日号（7月末発売）で予算流用の全体像を報じている。その前にも「週刊ダイヤモンド」の2012年3月10日号が「だれが復興を殺すのか」というタイトルで、計56ページ（広告含む）にわたって特集を組んでいた。

その中の1ページで「〝便乗予算〟と〝重複予算〟のオンパレード！」という表を掲載し、記事は後に広く知られるようになった農林水産省のシーシェパード対策や経済産業省の国内企業向け補助金、外務省の青少年国際交流事業などの予算を便乗、重複と指摘している。だから正確に言えば、第一報は「週刊ダイヤモンド」だ。

ただ、流用問題そのもののデタラメさに真正面から取り組んだという点で「週刊ポスト」

の記事は圧倒的に迫力があった。新聞やテレビではなく、第一報は週刊誌だったという点をどう考えたらいいのか。私はここに日本の大手メディアの病理が潜んでいると思う。ガンの核心部分はここにあるのだ。

「週刊ポスト」の記事はフリーランス記者、福場《ふくば》ひとみのスクープだった。福場に会って、取材の舞台裏をじっくり聞いてみると、あらためて驚かされた。

まず、彼女は取材相手に直接、会っていない。「すべてインターネットと電話取材だった」というのだ。これは取材の常識とはまったくかけ離れている。

私は35年前に新聞記者になった。当時、真っ先に言われた記者の心構えは「とにかく取材相手に会え。会ってじっくり話し、信頼関係を築け。そうすれば、やがてネタが入ってくる」というものだった。そういう先輩たちの教えを守って、いまも多くの記者たちが刑事や官僚、政治家の自宅を回っている。「夜回り」である。

と言っても最近では、夜回りを手抜きする記者も多い。ネット情報が氾濫しているし、会社が契約している共同通信や時事通信が配信した記事は、現場の取材記者もコンピュータ上で読める。つまり、夜回りをさぼって記者クラブで寝ていても、居酒屋で飲んでいても、だいたいの流れはわかる。記者管理が厳しい社は毎晩、夜回り情報をキャップに報告するよう求めているが、そういう社は少数派である。

それだけではない。夜回り自体が記者会見化している。単に場所が議員会館や自宅に変わっただけで、記者の顔ぶれはいつも同じ、会見と違うのは原則としてオフレコが条件になっていて、たまにアルコールが入ったりする程度になってしまった。肝心の取材メモすら、仲間の記者同士で交換し合うのが常態化している。

形骸化しているのは事実だが、夜回りが現在も取材のイロハのイであることに変わりはない。

ところが、福場記者は「取材相手に会っていない」と言う。これはいったい、どういうことか。

ネットで入手した基礎情報こそが重要

福場の取材はネットで徹底的に関連情報を検索することが第一歩だった。「復興」「特別会計」といったキーワードで検索をかける。出てきた見出しに「これは」と思うものがあれば、それを開いてみる。その繰り返しだった。福場が言う。

「それでヒットしたのが『各目明細書』だったんです」

各目明細書とは聞きなれないが、霞が関の各省庁が公表している予算の明細書だ。かつては公表されていなかったが、２００９年10月の閣議決定で予算編成プロセスの透明化を図る一環として公表が決まった。各省庁や国会のホームページにアクセスすれば、だれでも読める。

福場が最初に取材の手がかりにしたのは、「東日本大震災復興特別会計歳入歳出予定額各目明細書」（＊15）である。これだけではない。復興庁が作った「東日本大震災復興特別会計歳入歳出予算の概要」（＊16）や、経済産業省が２０１１年度第三次補正予算で復興予算を流用する言い訳を書いた政策ペーパー「産業空洞化の回避・新たな成長の実現に向けた立地支援など」（＊17）などがある。

これらをじっくり読むと、それだけで「霞が関は被災地のためだけに復興予算を使っているのではない」という実態がほぼわかってしまう。福場はまずネット上に公開されている資料で概要をつかんだうえで、霞が関の取材にとりかかった。私は福場に聞いた。

「相手の官僚とは昼間、会ったんですか。それとも夜？」

私がこう聞いたのは理由がある。私はかつて月刊誌や週刊誌の記事をよく書いていた。毎週のように週刊誌のメイン記事を書いたこともある。いまは実名で書いているが、当時は匿名かペンネームだった。そういうわけで雑誌記者の取材とはどんなものか、よく知っている。彼らの取材は夜が多い。

官僚や政治家あるいは新聞記者たちと夜、酒を飲みながら、あるいはカラオケで歌って遊びながら、相手が酔った勢いで漏らす本音の話を聞き出すのだ。だから、私は福場も「たぶん夜、役人に会って話を聞いたのだろう」と思っていた。ところが違った。

「いや、会ってません。ぜんぶ電話取材ですよ」

福場は怪訝な表情で言った。これには本当に驚いた。電話取材でそんなに話を聞き出せるものなのか。福場に聞くと、

「元になる材料は、ほとんどネットで手に入ります」

と言う。たとえば、先の各目明細書を見れば、日本原子力研究開発機構への支出とか各省庁の施設整備費（改修費）など一目瞭然である。ネットで入手した基礎情報こそが本当に重要だったのだ。

そこから官僚に電話して、どう攻めていったか。福場は「相手が知っている人だったら、取材できなかったかもしれない」と言う。それはなぜか。

ジャーナリストも国会議員も元データをチェックしていない

福場が手がかりにした「東日本大震災復興特別会計歳入歳出予定額各目明細書」は全部で

194ページもある大部の資料だ。それを眺めているうちに、福場はあることに気がついた。

あきらかに復興とは関係ないと思われる項目がいくつもあったのだ。たとえば大学である。東日本大震災復興教育研究経費などと、いかにも復興に関係ありそうな名目の支出に交じって施設整備費というのがある。これはいったい何か。

それも被災地の大学だけではない。北海道から九州、沖縄まで日本全国の国立大学法人がずらりと出てくる。たとえば室蘭工業大学の施設整備費や教育研究経費が復興と何の関係があるのか。福場はそんな疑問を抱いて、旧知だった桜内文城《さくらうちふみき》衆院議員（当時はみんなの党、現在は日本維新の会）に「5分でいいから時間をください」と取材を申し込んで、率直に疑問をぶつけてみた。

すると、資料をすでに見ていた桜内は言った。

「そうなんだよ。あなたの言う通り、復興に関係ないと思うけど、ジャーナリストどころか国会議員もだれもチェックしてないんだよ。どう思う、これひどいでしょ」

桜内の話を聞いて、福場は「これはおかしい」と疑念を深めた。

もう一つ、執行率の問題もあった。執行率とは予算をどれくらい実際に使ったか、という指標である。ネットで入手した資料をみると、復興庁の予算執行率がゼロ％とか16％とか、あきらかに低いと思える数字が並んでいた。

「なんでこんなに低いの？」

福場が執行率の低さに疑問を抱いたのは、ちょうど1年ほど前に別の取材をしていた同僚記者の一人から、「霞が関の役所は復興を大義名分にして予算を獲得しているらしいぜ」という話を聞いていたからだ。福場自身も取材で、厚生労働省との関係が深い特定のクリーニング業界団体だけが国の補助金を受けている実態をつかんでいた。

このクリーニング業界問題について、福場は「週刊ポスト」の2012年4月13日号で「ついにシロアリ官僚が『復興予算』を喰い始めた」というタイトルでいち早く報じている。同年8月10日号で復興予算の流用問題を初めて報じる前だった。

ほかにもネットで入手した資料を当たっていくと、たとえば復興特別会計の予算を「沖縄道路整備事業費社会資本整備事業特別会計へ繰り入れ、21億9000万円」などと、あきらかにおかしい資金の出し入れがあった。これは後に沖縄の道路整備に化けていたと判明した分である。

そんな背景があって、福場は「これは裏に相当なカラクリがある」と確信した。

「『やっぱり、この各目明細書はすごい資料なんだ。これで記事が書けたら、1年かけても悔いはない』と一人で盛り上がっちゃって（笑）」

誌面内容を企画する編集者に相談すると、

「よし、役所に問題の予算をぶつけて言い訳を聞こう。それで矛盾を突いていけばいい」

とゴーサインが出た。

官僚の話には残り1割に嘘がある

霞が関に電話取材を始めると、面白い展開になっていく。福場が国土交通省に、復興予算が官公庁の改修費に使われている件を問い合わせたときだ。

「彼らは最初、被災地に近い役所の改修費に使っていると言ったんです。たとえば『ああ、それは青森県の合同庁舎に使っています』とか。『他にもないんですか』と聞くと『そうですね、ああ千葉県でも使ってます』。そこで、こっちもピンときて『たとえばの話ですけど、霞が関では使ってませんか』と突っ込みました」。この質問力が問題を解きほぐしていく鍵になる。

「すると『ちょっと待って下さい』とか言って、時間を稼ぐんです。だけど、結局、『ああ、合同庁舎の4号館に使ってますね』と認めました。彼らは嘘はつけないから。『いくらですか』と聞くと『12億円』と言う。それで36億円の改修予算のうち、内閣府の合同庁舎4

号館だけで3分の1の12億円が使われる計画だったことがわかったんです」

相手は国交省官庁営繕部管理課の予算担当企画専門官である。取材はぜんぶ電話だった。

「相手に会ったことはあるのか」と尋ねると、福場は「会ったことはない」と言う。

これは間違いなくスクープだった。同業者として、私が面白いと思ったのは、なんといっても福場の手法である。福場はまずネットで基礎資料を集め、それについて桜内に感想を聞いた。桜内は財務省出身で、とりわけ予算制度や特別会計に詳しい。そのうえで自分の取材経験にも照らし合わせながら、最終的に役所の言い分を問い詰めていった。

だが、けっして官僚の説明を鵜呑みにしてはいない。福場は言う。

「官僚の話には裏側に嘘がある。概要を聞くだけなら9割はなるほどそうか、と思えるような話でも、残りの1割に嘘がある。そこは相手とケンカしながら聞いていくわけです」

新聞やテレビで育った多くの記者は、こういう取材をしない。ほとんどの記者は官庁や業界団体、政党などの記者クラブに属している。最低1年くらいはクラブに毎日通って、その役所の官僚たちと付き合いながら取材活動をする。記者たちの日常は事務次官会見やら官房長会見やら、役所が毎日のようにセットする会見に出て、そこで発表される話を聞いて記事を書くことだ。

地方支局の警察回りからキャリアをスタートした記者たちは「取材相手と懇意になって特

ダネをもらえ」と訓練されている。だから官僚が会見で発表した内容を記事にするのが基本であり、さらに意欲があれば、なんとか官僚に食い込んで自分だけの情報をもらおうとする。

ときどき会見場で居丈高になって官僚を問い詰めたりする記者もいるが、それはたいてい仲間内で「いい格好をしたい」という程度の話にすぎない。裏に回れば、官僚に取り入って、お気に入りのポチ記者になる競争をしているのだ。

だから、福場のように「官僚とケンカしながら情報を得る」という手法をとる記者は、記者クラブではほとんどいない。そんな記者が現れて特ダネをとろうものなら、他のクラブ記者たちから悪口を言われたり、幹部との懇談の場から仲間はずれにされるのが落ちなのだ。

要約版ではなく生資料を当たれ

私は福場に聞いた。

「あなたは官僚とケンカしても大丈夫と思っていたのか」

福場は正直に言った。

「そこはよくわかります。もしも相手が私の知っている役人だったら、私もつい『牙が緩くなっちゃう』と思う。実は、私にも特別会計の裏事情とかをこっそり教えてくれる情報源の役人がいます。そういう人はやっぱり敵に回したら損だと思うから、手加減しちゃいますね」

福場は逆に、私に聞いてきた。

「私が不思議に思っているのは、記者クラブにいる記者さんたちはみんな、私よりももっと多くの情報を持って、役人だって私よりたくさん知っているでしょう。復興予算の流用だって知っていたかもしれない。それなのに、どうして報じられなかったのでしょうか」

「実は、私が『週刊ポスト』で報じた後で、ある大新聞の論説委員が私に電話してきて『これは大変な話だから、うちでもやりたい』と言ってきたことがあるんです。その人は社内の会議で私の記事コピーを見せながら『これは大変な話だ』と訴えたようです。ところが1行も記事にならなかった。どうしてなんでしょうかね」

私は福場に言った。

「記者クラブの記者が『週刊ポスト』の記事を見て『これをやろう』なんて思うわけがないね。だいたい週刊誌なんてバカにしてるから。自分たちの仲間だとも思ってない。クラブにはたしかに予算資料が山積みになってるけど、予算書だって読んだことがない記者がほとんどで、まして各目明細書なんて見たことがないはずだよ」

それは本当だ。

先に言ったように、新聞記者は役所が発表した話を書くのが基本である。政府予算であれば、毎年夏ごろに財政事情のイロハから始まって、社会保障や公共事業、教育など個別分野について財務省の担当主計官による集中ブリーフを受けるところから取材がスタートする。

その際、各主計官が記者向けに用意する資料が記事を書く基本になるので、肝心の予算書やら、まして各目明細書のような生資料に目を通すことはほとんどない。それは桜内が言ったように、実は国会議員もたいして変わらない。つまり記者や議員が読んでいるのは、官僚が作る要約版であり、生資料そのものではないのである。

大臣ともなると、もっとひどい。予算の生資料や政策を実現するための法案こそが肝心なのに、事務方が大臣に手渡すのは数枚程度の資料といった場合が通例である。ひどい大臣だと「字で書いたら理解できないから、図解にしてくれ」という注文があったりする。それで国会で答弁できるのか、と言えば、そこは抜かりがない。

官僚たちは大臣用の簡単な答弁資料を完璧に用意している。予算の細部は理解していなくても、答弁資料を棒読みしていれば、まず大丈夫なのだ。

だから、新聞記者の手元に詳しい資料がまったくないわけではない。あるいは要求すれば、手にできるだろう。ただし、各目明細書のような生資料を真正面から要求すれば、「それは、どうしてご入り用なのですか」とやんわり警戒されるだろうが。いずれにせよ、記者たちはそういう生資料が記事を書くのに必要不可欠と思っていないから、手元にあっても初めから読まないし、なくても、べつに要求もしないのだ。

ここまでの話でメディアには重要な教訓がある。それは「要約版ではなく生資料を当たれ」である。生資料こそが宝の山なのだ。

大慌てで火消しに走った財務省主計局

福場が「週刊ポスト」で第一弾のスクープを放ったとき、財務省主計局は大慌てで「『週刊ポスト』の記事は誤解」という説明資料を作成して、記者たちに記事を後追いさせないように舞台裏で必死に根回しした。当時は、消費税引き上げ法案の審議がヤマ場にさしかかっていた。復興予算の流用問題がマスコミを賑わせて問題になったら消費増税が危うくなる、と火消しに走ったのである。

財務省の火消し工作にもかかわらず、福場のスクープを追うようにしてＮＨＫが9月9日「ＮＨＫスペシャル　シリーズ東日本大震災　追跡　復興予算19兆円」で流用問題を報じた。その後、テレビ朝日の「報道ステーション」や毎日新聞、東京新聞などが続き、騒ぎは一気に広がっていった。

ある国会議員によれば、このころ財務省はなんとか大火事になるのを阻止しようとして、NHKやTBSなど主要メディアには強硬に抗議を申し入れるなど手を尽くしていたようだ。福場が言う。

「ある議員さんに『「週刊ポスト」は大丈夫か。テレビ局には相当強い「圧力」がかかっているらしいよ』と心配されました。でも『うちの編集者はたぶん、そんな圧力がかかったら、面白いので逆に記事にしちゃいますから平気です』と言っておきました（笑）」

財務省が都合の悪い報道をするテレビ局に圧力をかけるのは、いまに始まったことではない。消費税問題が盛り上がっていたころ、元経産官僚の古賀茂明を出演させた局に対して、当時の香川俊介《かがわしゅんすけ》官房長が直接、局の幹部に電話をして「古賀を出すなら、うちの大臣は出演させない」と脅したのは有名な話である。

その点「週刊ポスト」は財務大臣を登場させた記事を売り物にするメディアではないので、財務省も脅す材料がなくて困っていたのかもしれない。それはともかく「圧力をかけられたら、それを記事にする」姿勢こそが報道の自由を守る最良の方法である。

それは私自身が東京電力の処理をめぐるオフレコ破りで経済産業省と激しいバトルを繰り広げた際、身をもって学んだ対処法でもある（拙著『政府はこうして国民を騙す』、講談社、201

3年を参照)。

大学院での勉強がジャーナリズムに役立つ

記者クラブに大量の記者を配置している新聞社やテレビ局を尻目に、そんなスクープをものにした福場記者はいったい、どんな経歴の持ち主なのか。

福場は広島県府中市出身の36歳。同県福山市にある英数学館高校を卒業し、同志社大学法学部政治学科に入学した。その後、同大大学院総合政策科学研究科博士前期課程(修士)に入学し、修了後、フリージャーナリストになるべく上京した。

2004年からシンクタンク「構想日本」の政策スタッフとして働き始めるが、半年後に「週刊ポスト」とフリーランス記者として契約した。ところが、ここで一度、挫折を味わっている。福場が言う。

「半年でクビになっちゃったんです(笑)。コピー取りとかしてたんですけど、『どうも、この子は度胸がない。人に会うと緊張する』『オズオズしてて使い物にならない』と思われたようで(笑)」

福場はあっけらかんと、かつての自分を語った。現在の福場にそんな気配はない。屈託なく笑い、自分を隠すようなところはまったく感じさせない。だが、初めて働き出したころは人見知りだったのだろう。

その後、2005年に日本銀行出身の実業家、木村剛《きむらたけし》が編集長を務める「フィナンシャルジャパン」（現在は休刊）に編集者として入社する。そこも途中で辞めて、鈴木崇弘《すずきたかひろ》中央大学大学院客員教授が事務局長を務めていた自民党の「シンクタンク2005・日本」（現在は解散）に移った。そこでアルバイトとして7ヵ月間働いた。

2007年に「週刊ポスト」から「人が足りないから、また来てよ」という話が舞い込み、同誌に復帰、フリーランス記者として現在に至っている。

復帰後の福場は以前とは違っていた。

「エロ取材もやりましたよ（笑）。男性器の構造がどうなっているとか（笑）。もちろん取材対象の張り込み、追っかけも。やっぱり難しいのは、隠されている情報を暴くことですよね。それと比べれば、今度の復興予算流用問題なんて易しい取材です。基礎資料はほとんどネットに公開されているんですから」

「ネットで集めた資料を読み込んで、役所に電話する。それでわからないことや疑問な点があったら『これって何ですか？』と聞く。それだけです」

男性器の取材ができるようになって初めて度胸がついたのだろう。官僚にだまされず、聞きたいことを最後までちゃんと聞ける記者に成長していた。また、大学院で行政管理論などを学んだ経験も生きていた。

「やっぱり、学生時代に勉強していた行政問題だと『アンテナに引っかかる』というか、ピンとくるものがありますよね。野田首相が『シロアリ退治する』と言ったので、『霞が関に巣くうシロアリ』ってなんだ、とか」

新聞社の入社試験では普通、学生時代に何を学んだか、はあまり重要視されていない。仏文学だろうと法学だろうと経済学だろうと、はたまた音楽だろうと関係ないのだ。実際、私の職場では「声楽を学んでいました」という論説委員もいる。それは「記者の仕事は大学で学んだこととは関係ない。生身の現実にぶつかって覚えていく仕事である」というような考えからだ。

しかし、私は、それは古い考えだと思う。現実から学ぶのはもちろん大事だ。だが、社会が複雑化し高度に専門化が進んでいく中、猪突猛進、「ゼロから体当たり」というような手法だけで真実に迫れるわけではない。歴史やすでに評価が定まった理論、論理的な思考法などを大学院で深く勉強してみるのは、とても役に立つはずだ。

体当たり取材の限界

たとえば、民主党政権だったころは毎日のように円高がニュースになった。だが、なぜ円高が進むのか、きちんと理解している記者がどれほどいただろうか。あるいは「経常赤字になると大変だ」といった話もある。だが「国際収支はいつもゼロ」という定義をきちんと理解している記者がどれほどいたか。

体当たり派の記者なら「白紙の状態から財務省や日銀で話を聞けばいい。それが取材だ」と思うだろう。ところが、それこそが間違いの始まりなのだ。財務省や日銀で「国際収支がゼロってどういうこと?」とか「なんで円高なんですか?」と聞けば、相手は「こいつはバカだ。何も知らない」と思って懇切丁寧に教えてくれるかもしれない。

財務省は「投機筋のせいだ」とか、日銀は「日本経済が不相応に評価されているからだ」とか適当に答えてくれるだろう。「それでどうするんですか?」と財務省に聞けば、「行きすぎがあれば、介入も辞さない」と答えるだろう。

国際収支がゼロという話も、財務省は「それは定義。そんなの記事にならないよ。それより経常赤字になれば国債が暴落する懸念がある。だから財政再建しないと大変だ。そこを書けば記事になるよ」などと教えてくれるかもしれない。

記者はいつだって記事になるネタを探しているから、「これだ！」と思って、せっせと記事を書く。ところが、真実は違う。日銀が徹底的な金融緩和をサボっていたから、円高が進んでいたのだ。

財務省や日銀はもちろん、どんな取材相手だって実は当たり前なのだが、記者に取材を受ければ、自分に都合のいい話しかしない。相手をするのは、記者に真実を伝えるためではない。基本的には自分たちの目的を達成するために、都合のいい話を広めようとして記者を利用しているのである。

全部が全部、そうとは言わないが、記者の側は「そういうものだ」と思って聞かなければ、相手の言い分に乗せられるだけだ。

相手のもくろみを見破って真実に迫ろうとすれば、記者自身が自分で勉強しなければならない。基本となる理解の枠組み、情報を取材相手に寄りかかって集めている限り、いくら話を聞いてみたところで、相手の手のひらの上で踊らされているだけなのだ。記者自身が勉強をする。それには大学院で勉強するのはとても良いことだ。

まして、いまの日本が直面しているメインテーマの一つは、「官僚主導の中央集権体制を打破できるかどうか」である。そういうテーマを取材、報道、解説するのに、当の中央集権体制のご本尊である官僚をいくら取材してみたところで、本当の問題点がわかるわけがない。彼らは「自分たちの体制は日本に必要であり、いいことだ」と頭から信じているのだから。

私自身も記者経歴の途中で留学し、米国の大学院で勉強した。わずか1年余の経験だったが、それは後々まで自分の財産として残っている。たとえば、どんな本を読むべきか。自分がまったく素人である分野に挑戦するとき、私は定評ある教科書や参考書を読むことから始める。基本の原理原則、当然知っておくべき歴史的経緯をまず頭に入れる。

そういう勉強の仕方は大学院留学時代に覚えた。その経験があるから、だれか専門家に会って話を聞くときも、「この人は基礎をどのくらい身につけているか」という観点から、まず相手を評価する。

日本では、基礎がしっかりしていない専門家というのが実に多い。経済学者やエコノミストの世界では枚挙にいとまがない、と言ってもいい。「なぜデフレが続くのか」といった基本中の基本のテーマをめぐっても、デタラメ話がまかり通っている。iPS細胞分野で詐欺師のような人物にメディアが軒並みだまされた事件があったが、あれも似たような話だろう。

アウトサイダーの意地

たとえば、この国の代表的新聞である朝日新聞は10年余り前の正月に、「豊かなゼロ成長の勧め」という大型社説を掲げた（2000年1月4日付）。

「経済成長は手段であって、目的ではない。物質より精神的な豊かさが大事だ」と主張し、「老夫婦が劇場におもむき、レストランでグラスを傾ける。大人が生活を楽しむ成熟した社会をめざしたい」と書いた。当時すでにバブルは弾け、デフレが始まっていた。いま夫婦で劇場に出かけて、帰りにレストランでワインを飲める余裕のある人たちがどれほどいるか。

デフレ下のゼロ成長、それどころかマイナス成長が続いた結果、格差は拡大し、みんなが貧しくなった。そもそも社説を書いた論説委員は、「豊かなゼロ成長」という論理矛盾をまったく自覚していない。

社説は「総量の伸びがなくても、新しい企業や産業が生まれ、古くさい産業や、競争に耐えられない企業が退場する入れ替わりが活発に行われれば、経済の活力、若々しさは保たれるはずだ」とも書いている。

デフレ下では、そんな企業の新陳代謝こそが起こりにくくなる。名目金利から物価上昇率を引いた実質金利が高くなるので、設備投資が起きないからだ。にもかかわらず、デフレの怖さを無視して、その結果であるゼロ成長をそのまま受け入れよう、と呼びかけたのだ。

これと同じような主張はいまだに、新聞に繰り返し手を替え品を替え登場している。記者が経済学の基本をきちんと勉強していない証拠である。

脱線した。福場のように大学院で行政管理論を学んだ経験は貴重だ。今回の復興予算流用問題の取材でも役に立っているに違いない。

福場は言う。

「私にはコンプレックスがあったんです。田舎者だし東京はよく知らないし、大学院で勉強したけど、リアルな霞が関とか、政府がどうやって動いているのかを知らなかった。役人も知らない。だから、資料をネットで入手したとき、目が眩みそうな気がしたけど、『見えなかった霞が関』が見えるようになるまでやってやろう、と思いました。公開情報をたぐり寄せて徹底的に調べてやろう、と。『アウトサイダーの意地』ですね」

「役所の人たちは、聞けば嘘は言いません。それどころか普段、記者に聞かれないような細かい話を聞かれると、実はうれしかったりする。だって、自分の仕事のことを聞かれるわけだから。こっちが徹底的に聞けば、最後はホントの話を教えてくれる。後で私に記事で突っ込まれたら、ちょっと悲しいけど（笑）」

「だから、私の記事が出た後で新聞やテレビが連日のように流用問題を報道したけど、ほとんど私が記事で指摘した話ばかりだった。『なんで、なんで、なんで』と思いましたね。『なんで新しい話が出てこないの？』って。正直『つまんないなぁ』と思ったし、ちょっとさみしかった」

「新聞の記者さんたちは役人に『会いたい』と言えば、会えるんでしょ。私は資料をネットで入手してから、読み込む作業は実質3〜4日しかやってない。資料を読んで役人に聞けば、わかる話です。どうして新聞の記者さんたちに、それができなかったのか不思議です」

それは、新聞やテレビの記者がそういう取材の仕方をしてこなかったからだ。データを集めて自分で考え、疑問点を整理して役人にぶつける。それは本来、当たり前の作業なのだが、多くが記者クラブの発表を黙々とこなしていくだけの記者ばかりになってしまった。

そこをどう打開していくか、が問題なのだ。

第6章

メディアと政府の関係を変える「オープン・ガバメント」

予算情報の公開は民主党政権の適切な戦術だった

前章で詳述した福場ひとみ記者のような取材手法が可能になるには、そもそもインターネット上に役所の資料が公開されていることが大前提になる。福場が最初に突き止めたのは「各目明細書」という文書だった。正確には「東日本大震災復興特別会計歳入歳出予定額各目明細書」である。そこを突破口にして、具体的な支出内容を取材で詰めていった。

各目明細書の公表が決まったのは、「予算編成等の在り方の改革について」という閣議決定（２００９年10月23日、＊18）で、政府が予算編成プロセスの透明化を図る改革に着手したからだ。

この閣議決定文書を読むと「各府省は、ホームページにおいて、所管する予算の概算要求書及び政策評価調書を公開するほか、概算要求の概要を分かりやすく示すこととする」とか、「財務省及び各府省は、予算概算決定後、ホームページ等において、決定した予算の概要を、できる限り国民全般に分かりやすい形で公表する」などと記されている。

福場が取材に使った各目明細書は、この閣議決定を根拠に各役所が公表したものだ。逆に言えば、各目明細書が公表されない限り、おそらく福場のスクープもありえなかった。徹底的に取材を進めていけば、各目明細書のような基礎資料にぶち当たることもあったかもしれないが、それには膨大な時間と労力を要しただろう。フリーランスの記者が一人で隠された資料を発掘するのは非常に難しい。

閣議決定をした2009年10月といえば、鳩山由紀夫内閣が誕生して1ヵ月のころだ。情報開示が進んだのは、民主党が政権与党になった成果と評価していい。民主党政権は発足当時、少なくとも意気込みだけは「脱官僚・政治主導」で燃えていた。

熱気は文章からも伝わってくる。事業仕分けについては「全面公開で行う」と記し、「予算の支出先の情報（支出先法人における国家公務員再就職者の有無・人数を含む。）や、事業費に人件費を加味した事業の『フル・コスト』の情報を事業の性質に応じ積極的に活用し、公表する」などと書いている。つまり、天下り問題にも目を光らせる意欲に満ちあふれていた。

さらに「年度末に過大な執行が行われているおそれがある場合、担当部局からヒアリングを行う等のチェックを行う」と書いた部分まである。まるで、後に復興予算流用問題が起きるのを予期していたかのようだ。

あらゆる政策は予算と法律が基礎になっている。言い換えれば、官僚の既得権益は「カネと権限」にある。だから脱官僚・政治主導を旗印に掲げた鳩山政権が、まず役所に予算情報の公開を迫って、奥に潜んでいる無駄や非効率を暴こうとしたのは、まことに適切な戦術だった。

事業仕分けで評価すべきは「行政事業レビューシート」

問題は、発足当時の鳩山政権がせっかく情報公開を進めようとしていたのに、メディアの側が、それに呼応して公開された情報を基に一歩踏み込んで、独自に予算の実態と官僚政治の真相を暴いていく努力を怠っていた点にある。

新聞やテレビのような既存のメディアは、基本的に政府が発表する情報をそのまま伝える作業に甘んじていた。たとえば事業仕分けの報道も連日、大勢の記者やカメラマンを動員して、中継を交えながら仕分け人と役所の攻防を報じた。それは、あたかもドラマのようだった。

情報を隠してきた官僚たちを、政治家と仕分け人たちが、丁々発止の議論を通じて懲らしめていく。民主党の蓮舫《れんほう》や枝野幸男《えだのゆきお》といった政治家たちは、そこで映画スターさながらに切れ味のいいセリフを連発して人気を集めた。それは、テレビにとっては最高の映像だった。

映像メディアは目の前で展開していく事態をそのまま報じるのは得意だし、スキルにも長けている。だが、そこから一歩引いて、その奥にある問題点を解き明かしていく力量はまだ十分とは言えない。本当に必要だったのは、たとえば議論から出た材料を基に、無駄や非効率の多い予算がなぜ毎年、生み出されてきたのか、その病理や構造をあきらかにしていく作業だったのではないか。

事業仕分けで縮減や廃止が決まった事業が、名称を変えて復活した例もたくさんあった。たとえば「2位じゃだめなんでしょうか」という蓮舫のセリフで有名になった独立行政法人理化学研究所の次世代スーパーコンピューター開発も事実上の凍結を求められたはずだったが、多少の予算カットで復活している。

劇場と化した事業仕分けは、舞台裏で財務省主計局が振り付けしていた。そもそも、仕分け人が出した結論には法的拘束力がない。だから議論は面白いけれども、所詮は終わった後に密室で話し合えば、「まあまあ」という辺りで結論が落ち着く「やらせ」の面があった。

それでも事業仕分けには、じわじわと後で効いてくるような成果もあった。評価したいのは「行政事業レビューシート」が導入された点である。行政刷新会議は2010年5月26日に「行政事業レビュー～事業仕分けの内生化・定常化～について」という文書をまとめている。

数枚の紙に事業の概要や予算額、最終的に資金がどういう風に流れているか、さらに役所が事業を自己点検した結果などを書き込んで、仕分けの場で議論の材料にするようにした。その後、2011年6月7日にはレビューを「毎年実施する」と正式に閣議決定した。同年10月には国の事業を5400単位に分けて、各府省が公表し説明責任を果たすよう求めた（＊19）。

行政事業レビューシートの導入は、それ自体が派手なニュースにはならなかった。だが、メディアが独自にニュースを掘り起こしていくうえでは、まさに宝の山につながる画期的出来事だった。それが取材活動の基礎を与えてくれるからだ。実際、復興予算流用問題の取材でも各社が行政事業レビューシートを活用している。

政府の情報公開は別の角度からも動き始めている。政府事業の中身を公開するだけでなく、役所が政策立案をする際の基礎情報も公開する流れが出てきたのだ。

メディアはあまり注目しなかったが、たとえば2010年5月11日には首相官邸に設置された「高度情報通信ネットワーク社会推進戦略本部（IT総合戦略本部）」が「新たな情報通信技術戦略」と題した報告書をまとめている。ここで「2013年までに、個人情報の保護に配慮した上で、二次利用可能な形で行政情報を公開し、原則としてすべてインターネットで容易に入手することを可能に」するとうたった。

２０１２年７月にはＩＴ総合戦略本部が「電子行政オープンデータ戦略」を決めた。これは政府が保有している公共データを積極的に公開して、国民や企業、さまざまな社会組織が活用することを通じて、経済活性化や暮らしの効率化に役立てようという狙いである。

ネットでの情報公開を通じた予算監視が可能に

政府がこれまで独占していた行政の基礎情報を公開するようになると、いったい何が起きるか。単に国民生活が一層、便利になるというだけでなく、メディアやジャーナリズムのあり方も大きく変わってくる可能性がある。

具体的にどういうことが可能になるのか。各国の事情に詳しい国際大学ＧＬＯＣＯＭ（グローバルコミュニケーションセンター）講師・主任研究員の庄司昌彦《しょうじまさひこ》への取材を基に、実例を紹介しよう。

たとえば、アメリカのオバマ政権が取り組んだリーマン・ショック後の景気対策がある。２００８年のリーマン・ショックは世界経済を直撃した。オバマ政権は財政出動して景気の下支えをしたが、その一環としてRecovery.gov（＊20）というサイトを立ち上げた。

このサイトを見れば、政府の予算から「どこの誰に何の目的で、いくらの補助金が渡ったか」が一目でわかる仕組みである。画面に表示された地図上のドット（点）を適当にクリックしていけば、補助金や給付金、融資額や関係する雇用者数などが一目瞭然になる。自分たちの税金がどう使われているのかが、地図と表でわかってしまうのだ。

次いでオバマ政権は２００９年1月に「透明性と公開政府（オープン・ガバメント）」という覚書を作成した。同年12月には具体的に「公開政府指令」を発令する。そこでは「透明性」「参加」「協働」という三つの柱を立て、積極的な情報公開を進めたうえで広く民間からパブリックコメントを求め、官民や組織、セクターの違いにとらわれずに公共サービスを展開していく方針を決めた。

Recovery.govのほかに連邦調達庁（ＧＳＡ）が２０１０年9月から始めたChallenge.govという試みもある。これは政府が社会的な解決が求められている問題を公開し、ネット上で解決方法のアイデアを募るというものだ。採用されたアイデアには賞金が支払われたり、実際に政府の予算がついたりする。

たとえば、米航空宇宙局（ＮＡＳＡ）は「乗客一人あたり1ガロンのガソリンより省エネで、２００マイルを2時間以内に飛行する技術」に対して１６５万ドル、エネルギー省（ＤＯＥ）は「通常の電球を代替する新技術」に対して１５００万ドル、農務省（ＵＳＤＡ）は「子どもの食生活改善レシピ」に対して1万２０００ドルの賞金をつけている。

一方、欧州はどうか。

欧州連合（EU）は2003年の指令で「可能な場合は商業、非商業の目的を問わず、公的機関が保有する情報の再利用を可能にしなければならない」と決めた。フランスは2011年8月に「公共データの再利用を可能にすることで政府の透明性を高め、公共サービスの質を高め、情報経済を発展させ技術革新を促し、成長と雇用をもたらす」と宣言した。

欧州委員会は公的機関が持っている公共データについて「我々は、まだ実現されていない経済的可能性の金脈の上に座っているようなものだ」（2011年12月、プレスリリース）という認識を示している。

つまり、世界はネットを使った情報公開を通じて国民による予算監視を可能にしているだけでなく、さらに一歩進めて情報公開による政策立案や新しいビジネス創出まで視野に入れている。情報公開を新たな経済成長につなげようという発想である。

これに対して日本政府はと言えば、もっぱら政策の立案は官僚任せである。民間活用と言っても、せいぜい新しい政策に着手するとき、ハク付けのために自分たちが選んだ有識者の審議会に報告書を出してもらう、それも報告書自体は官僚が下書きしてしまうという手法がもっぱらだ。

肝心の政策も「国民生活の向上」などは二の次、三の次で、新政策の建て前に隠れて自分たちの既得権益を拡大する合わせ技が普通になっている。予算執行に役所の傘下にある独立行政法人を通過させ、役所ＯＢの天下り用に新しい椅子を用意するのだ。

せっかく予算を獲得して新政策を手がけるのに、天下りの一人や二人を増やせないようでは「無能」の烙印を押されるのが霞が関の世界である。「そういう無駄はやめよう」と言う官僚は絶対に出世できないようになっている。こういう仕組みを変えることはできるのだろうか。それに対して、メディアはどんな役割を果たせるのか。

情報の二次加工が不得意なマスメディア

２０１１年３月11日の東日本大震災と東京電力福島第一原発事故は、ネットが伝える情報のあり方にも革新的な影響を及ぼした。コンピュータを経由して流れるネット情報は圧倒的な速報性とともに、加工性の点でも新聞やテレビにはない利点があったからだ。

たとえば政府や地方自治体、電力会社は、大震災と原発事故の直後から放射線量や電力需給などの情報をホームページなどで発表した。ところが、それは当初、あくまで「その場限り」の情報にとどまっていた。

その場限りというのは、発表された情報を「二次加工できない」という意味だ。東電が電力需給データを簡単なグラフで示しても、元の数値データが示されない限り、だれかが二次加工して別のグラフや図、表のような形で表現できない。しかもアクセスが集中して、そもそも東電のホームページが開けない事態も起きた。

大震災と原発事故が起きて非常に多くの人々が多様な情報を求めていた一方、提供する側は型にはまった「お仕着せ」情報しか出さず、供給量も十分でないという状況が現出した。情報をめぐって質と量の両面で需要と供給のアンバランスが起きたのだ。

新聞やテレビのような既成メディアは特設ページを作ったり、特別番組を編成して読者、視聴者の需要に応えようとした。しかし「情報の二次加工」という領域には、ほとんど手が届かなかった。そういう作業は不得手だったのである。

一方、ネットの世界では発表された情報の元になる数値データの公開を求める声が高まった。ネット周辺にはコンピュータに強い人間が多い。数値データさえあれば、自分たちで二次加工してわかりやすく表現し直せる。それで何が起きたか。先の庄司によれば「経済産業省が東電に対して情報を元データのままで出すように指導した」という。

数値化されＨＴＭＬやＴＸＴ、ＣＳＶといったコンピュータ上で扱いやすい形式に変換された情報が公開されると、たとえば電力需給を示すサイトがいくつも立ち上がった。東電が独占していた情報が公開された結果、ネット上で自然発生的に新しいサービスが始まったのである。

ヤフーの「節電・停電」というサイトにあった「電力使用状況」（＊21）は、その一例だ。東京電力の「でんき予報」（＊22）というサイトには「本日の電気使用状況グラフ」があり、毎日午前零時からアクセス時点までの電力使用状況がグラフと数値で示されている。これに対して、当時のヤフーのサイトは東電の提供データを二次加工して「過去24時間の推移」や月単位の「電力供給量と使用量」を過去に遡って表示した。元のデータは同じだが、表現が違ったのだ。どちらが使いやすいか、あるいはニーズに合っているかは情報の受け取り手しだいである。

こうした情報はスマートフォン向けにも加工されて拡散した。東電が発表する一次情報だけに限られていたときに比べれば、人々に届く情報が質量ともに桁違いに改善されているのはあきらかだろう。

ネットで知った「汚染地図」

同じことは放射線についても言える。

文科省や各地の自治体が収集した放射線の元データが数値で公開されたことで、専門知識をもつ研究者はもちろん、普通の民間人でも知識さえあれば加工が可能になった。数値をグラフ化したり、地図の上に重ねて表示できるようになったのだ。

たとえば、文科省が集めた放射線情報はNAVERという民間企業によって加工され、「全国放射線情報」（＊23）というサイトで紹介されていた。ヤフーの「放射線情報」（＊24）は文科省と米エネルギー省（DOE）が共同で実施した航空機モニタリングの調査結果や慶應義塾大学の「地球環境スキャニングプロジェクト」と民間団体「SAFECAST」が観測したデータを加工して紹介している。

政府や地方自治体、電力会社などが所有する情報を生の数値データで公表した。するとヤフーのような企業が情報をわかりやすく二次加工して人々に提供し始めた。人々はそれを見て、自分たちの電力使用を考えたり、放射線汚染を避ける工夫をするようになった。これはメディアとかジャーナリズムの原点に迫る出来事ではないだろうか。

ただし、こうした二次加工が可能になったのは情報公開が進んだ結果とはいえ、政府や東電の姿勢を手放しで評価はできない。大震災と原発事故発生当初の情報公開はまったく不十分だったからだ。むしろ緊急時迅速放射能影響予測ネットワークシステム（SPEEDI）の情報隠しが象徴するように、政府の対応は国民を欺くものだった。

先の航空機モニタリングについては、個人的にも思い出す一件がある。米国のDOEは事故から11日目の3月22日に最初の航空機モニタリング結果を公表している（＊25）。

私は当時、出演したテレビ朝日系列「サンデーフロントライン」（番組は終了）で、ＤＯＥが作った汚染状況を示す地図を紹介した。

米国は事故発生直後から調査チームを日本に派遣し、15日からは計39人のチームで汚染状況を空と地上からモニターしていた。延べ40時間にわたるフライトを基に作成した汚染地図は最もひどい場所を赤、それほどでもない場所を緑で示した。多くの人に見覚えがあるだろう。福島第一原発から左斜め上に赤い地帯が広がった、あの汚染地図だ。

テレビでこの地図を示すと反響を呼んで、視聴者から「あの図はどこで見られるのか」という問い合わせが相次いだ。地図そのものの衝撃もさることながら、日本政府より先に米国政府が動いていた、という事実も驚きだった。

肝心の文科省はどうしていたのかといえば、ＤＯＥに遅れること20日余り、ようやく4月6日から傘下の公益財団法人、原子力安全技術センターを経由してＤＯＥと共同で航空機モニタリングを始めた。その結果を公表したのは、さらにその1ヵ月後の5月6日である。原発周辺の住民たちはとっくに避難していた。文字通り「後の祭り」だった。

私がＤＯＥの作った汚染地図の存在を知ったのも、実はネット情報だった。ある研究者が放射線汚染の状況を独自に調べてネットで公表していた。その中でＤＯＥの資料に触れていたのである。

あの3月、非常に多くの人々が放射線に関する情報を求めてネットを検索していた。それまではネットショッピングとレストラン検索だけに利用していた主婦層も、真剣に画面を見続けていた。なにより、子どもの健康と食品の安全性が気がかりだったからだ。裏返せば、人々は新聞やテレビの情報に満足せず、全面的に信用もしていなかった。

メディアには生データの整理分析能力が必要

話を元に戻す。

政府の情報公開＝オープンデータはいま、どこまで進んでいるのか。庄司によれば、米国や英国、フランスはじめ世界30ヵ国で情報公開専門のサイトが開設されている。経済協力開発機構（OECD）や国連などの国際機関にもある。

たとえば、2009年12月に開設された英国のサイト（http://data.gov.uk）は3000種類ものデータを公開し、閲覧者にデータを利用した積極的なアプリケーションの開発を促している。次のバスが停留所にいつごろ到着するかを示した運行情報サービスや、町中で使えるレンタル自転車の空き情報検索サービスなどが実際に動き出している。

日本でも役所が公開した情報を企業や団体が二次加工して提供するサービスが始まっている。たとえば「東京安全安心マップ」(＊26)は、警視庁がメールで発信している不審者や犯罪・防犯情報を地図上で示すサービスだ。

このサイトには中古車の査定や通販などの広告も掲載されていて、ビジネスであるのはあきらかだ。とはいえ、情報利用については警視庁の承諾を得ている。地域の不審者や犯罪・防犯情報には新聞やテレビが毎日、報じるほどのニュース価値はないだろう。だが、地域住民にとっては関心が高いテーマであるのも間違いない。

情報を求める利用者の数は既存のメディアの事業規模に遠くおよばないとしても、まさに公共情報とビジネス、インターネットというメディアが融合した新しい情報空間の試みと言える。

ほかにも、神奈川県鎌倉市の情報を活用した、ごみ削減を狙うスマホ用アプリケーションの「鎌倉ごみバスターズ」、市内のトイレ、避難所、AED(自動体外式除細動器)情報などを公開した福井県鯖江市など、オープンデータの動きは着実に進んでいる。

以上のような現状を踏まえて、メディアとジャーナリズムの可能性について何が言えるだろうか。

まず、政府は情報を隠すだけではなく、徐々に公開もしているという事実である。

安倍晋三政権は2013年6月に出した日本再興戦略で「世界最高水準のIT（情報技術）社会の実現」を掲げて、オープンデータやビッグデータの利活用推進をうたった。2015年度中にデータセット1万以上の情報公開を進める目標を掲げている。同月に開かれた主要国（G8）首脳会議では、日本も参加して「だれでも使える」など五つの原則を定めたオープンデータ憲章を採択している（＊27）。

隠された情報を暴きだすのは、もちろんメディアの重要な仕事だ。と同時に、公開された情報を適切に整理分析して提示すれば、政府が実際に何をしているのか、かなりの程度あきらかにできる。復興予算の流用問題が典型的だ。

情報を整理分析するのは口で言うほど、やさしい仕事ではない。まず公開された情報を発掘する必要がある。「ここに行けば、なんでもすぐ見つかる」というような便利なサイトは残念ながら、まだない。欲しい情報をネットの海の中から探し出すには、それなりにスキルも必要だ。そのあたりをどうするか。

情報を出す側である政府や自治体は公開自体に異論がなかったとしても、実は何を公開すればいいのか、わからない場合もあるだろう。公開する作業には手間暇がかかる。せっかく人手を使って公開しても、なんの役にも立たないとなれば、行政が非効率になるだけかもしれない。

そういう非効率を防ぐには、メディアの側も「どういう情報の公開が必要か」について積極的に提言していくべきだ。

たとえば政府の予算だ。一般会計と特別会計の関連一つとっても、政府予算は仕組みが複雑で素人にはとても理解できないようになっている。「ない、ない」と言われながら毎年、埋蔵金がどこからか捻出されて予算に組み込まれているのは、財務省主計局にしか予算の実態がわからないようになっているからだ。

先に紹介した米国のRecovery.govは、限定的ではあるが「税金がどこで誰にいくら使われたか」をネット上で示す試みだった。同じように、日本の政府予算全体を透明化する試みも必要だ。複雑であるからこそ、クリック一つで簡単に情報を飛び歩けるネットという媒体が適しているのではないか。

整理されて提示された公共情報は、無駄と非効率の排除を促して政府の効率化につながるだけでなく、新たなビジネスにつながる可能性も秘めている。ともすれば「ジャーナリズムは金儲けではない」と思われがちだが、ビジネスの観点からジャーナリズムを見直すのは重要だ。

なぜならビジネスとして成り立たないメディアやジャーナリズムの活動は、持続可能性に乏しいからだ。ボランティアで運営されるメディアもあるだろうが、非常に多くのボランティアに支持されるのであれば、むしろビジネスになる可能性がある。

人々に支持されるメディアやジャーナリズムであれば、お金を払ってもいいと考える読者や視聴者、あるいは広告主を獲得できるだろう。結局、提供される情報が人々の需要に応えているかどうかが鍵を握っている。

データ・ジャーナリズムの意義を理解しない大手メディア

政府が情報公開を進めて、私のような記者の目の前に山のような生データの情報が与えられたとしよう。私はそれらを適切に整理、分析して読者に情報の意味合いを正しく伝えられるだろうか。率直に言って、自信がない。

なぜか。私には生データを分析する基本的スキルが欠けているからだ。

たとえば、私はエクセルを十分に使いこなせない。せっかく生数字の情報セットがあったとしても、それらをきれいに統計処理できないし、まして複雑な回帰分析などできない。せいぜい平均値を出すか、簡単なグラフを描くのが精一杯だ。

正直に言えば「数字セットの意味合いを確かめるためには回帰分析が必要だ」と痛感して、統計学の教科書を買ってきて読んだり、エクセルの簡単な作業にチャレンジしたことはある。初めてきれいなグラフや散布図が描けたときは単純に喜んだものだ。

だが、それも途中でやめてしまった。記者稼業は35年を越えたが、ほとんどの記事を書くのに、そんな統計処理は絶対に不可欠ではなかったのだ。記事を書くには、別の角度から問題にアプローチする方法もあった。

しかし、これからはそうもいかなくなるだろう。政府が情報公開を進めて生数字の公表を始めたら、ちょっと統計処理してみれば、新たな発見があるかもしれないのに、そういう分析作業をしないで済むだろうか。

回帰分析をして数字セットの相関関係をあきらかにできれば、自分の主張を数字で裏打ちすることが可能になるかもしれない。つまり記事の付加価値をより高められるかもしれないのに、それをしないのは良く言っても「詰めが不十分」、悪く言ったら「手抜き」という話になるかもしれないのだ。

これは、私にとって困った事態である。この原稿を書きながら、そう思う。さて、どうしたらいいのか。まさか政府に「もう生数字は出すな」と言うわけにはいくまい。

「情報をどう処理して分析し、新たな意味合いの発見を読者に伝えられるか」

これが政府の情報公開がメディアやジャーナリストに突きつけている根本的な問いである。政府へ情報公開を求める要望は、ブーメランのようにメディアやジャーナリストの側に戻ってきて、私たち自身の力量を問うている。

そういう問題意識をもってデータ・ジャーナリズムのあり方を考え、実践的な記者教育や研究会に取り組んでいる人もいる。時事通信開発一部の赤倉優蔵《あかくらゆうぞう》だ。赤倉は日本ジャーナリスト教育センター（JCEJ）という団体の運営委員を務めて、研究者や現役のジャーナリスト、アナリスト、技術者たちを集めてワークショップを開いてきた（＊28）。

JCEJは赤倉たちが中心になって、組織や媒体、立場の違いを超えて新しい時代のジャーナリストに求められる技術（スキル）や知識を勉強しあう場として活動している。既存の組織に属するジャーナリストやフリーランス記者たちはもちろん、非政府組織（NPO）や広告、コンピュータ情報関係の人たちも参加している（＊29）。

本来なら、組織や資金力がある新聞やテレビなど既存の大手メディアが、独自に自分たちの記者教育の一環としてデータ・ジャーナリズムの研究、スキル向上に取り組めばいいと思う。だが現実には、そうした既成メディアは記者クラブ制度に安住して、政府や企業、政党などが発表する情報をたいした分析も加えずに、そのまま垂れ流している。

もっと言えば、大手メディアはそもそもデータ・ジャーナリズムの意義さえ、まだよくわかっていないのではないか。それがわかっていれば、第5章で紹介した「週刊ポスト」の福場記者がやったような、各目明細書から復興予算の使途を追及するような仕事はとっくにできていたはずである。

各目明細書を読み込むような仕事はエクセルワークもいらず、回帰分析もいらず、まさに福場が言ったように、2〜3日徹底してネット検索すればわかるような「簡単な仕事」だったのだ。それだけに、JCEJのような活動は貴重である。以下、赤倉への取材を基にデータ・ジャーナリズムの現状をみていこう。

グーグルがスポンサーをするデータ・ジャーナリズム賞

データ・ジャーナリズムに先鞭をつけたのは、赤倉によれば、ウィキリークスである。2010年11月にウィキリークスで公開された約25万点に上る米国の外交機密文書を分析することによって、多くのスクープが生まれた。

これは機密情報という「それ自体がニュース」の素材だった。ただ情報量が膨大だったから、それを整理して報じるだけで相当な手間暇がかかったという話である。しかし、いまやそういうレベルにとどまらない。生の情報セットを整理して公開し、読者に新たな問題を考えさせるような試みが始まっている。

その一つの例は米国のプロパブリカという団体が始めた「The Opportunity Gap（機会の

格差）」というサイトである（＊30）。このサイトには「あなたの州は教育に平等なアクセスを提供しているか？」という副題が付いている。

サイトで自分が暮らす州をクリックすると、たとえば無料や格安の給食を何パーセントくらい提供しているか、という状況が町ごとに色分けされてひと目でわかる。上級数学や物理、化学のコースを選択している学生が何パーセントいるかもわかる。さらにアジア系やアフリカ系、白人、ヒスパニック系など学生の人種構成もわかる。

読者はこのサイトを眺めることで、自分たちの州の教育が他の州と比べて、どういう状態になっているかを考えることが可能になる。子どもの教育に熱心な親なら、このサイトを見て引っ越しを考えても不思議ではないだろう。

これはプロパブリカが連邦政府の教育に関する生情報を分析、整理し、独自のコンピュータ・アプリケーションを開発することによって可能になった仕事である。まさにデータ・ジャーナリズムの典型と言える。

プロパブリカとは何者か。日本でも、もうあちこちで紹介されているからご存じの方も多いと思うが、簡単に紹介すれば、寄付を財源にして独自の調査報道を手がけている非営利報道組織だ（＊31）。名だたるベテラン記者を集めて２００７年10月に発足し、プロパブリカが放った記事は２０１１年のピューリッツァー賞はじめ数多くの賞を受けてきた。

非営利であり、かつ腕利きの記者たちを集めた新しい団体であるからこそ、政府の公開情報を二次処理し、プログラムまで作って新しい意義付けを加えて伝える、という離れ業が可能になったと言えるだろう。記者クラブでのうのうと昼寝していて、記者会見のときだけ起きてくるような記者たち、それを許しているようなメディアにできる仕事ではない。

ＣＮＮやＢＢＣなどの編集者ネットワーク「Global Editors Network」（ＧＥＮ）が主催するデータ・ジャーナリズム・アワード（ＤＪＡ）という賞もある。これはグーグルが公式スポンサーになっている。２０１２年には米国、英国、フランス、ドイツ、メキシコ、フィリピンなど世界各国の報道機関やフリーランス記者たちから３００もの候補作が集まった。残念ながら、日本からの応募はなかった。

このＤＪＡには生データを活用した調査報道部門、データを可視化させて興味深いニュース・ストーリーに仕立てあげた部門、さらにデータを活用するアプリケーション開発部門の三つがある。

２０１２年の調査報道部門では、シアトル・タイムズによるメタドンと呼ばれる合成鎮痛剤の副作用薬害に関するスクープ記事が受賞した。この報道は同年のピューリッツァー賞も受賞している。スイス議会の動向を監視するアプリケーションという、従来、思いもつかなかったようなアイデアも紹介された。

読者目線でやってみる

以上のように、世界ではデータ・ジャーナリズムの動きが加速している。ひるがえって、日本はまったく遅れをとってしまった。これをどう改善していけばいいのか。赤倉が強調したのは「とにかくやってみる」「読者目線でやってみる」「チームでやってみる」という3点である。

「とにかくやってみる」というのは、肝心の公共データは不十分ではあっても、そこそこ公開されているのだから、その情報セットを使って何が伝えられるか、やってみようという話である。

たとえばJCEJは「防災」をテーマに、防災地図や防災訓練、政府の情報を基に新しい情報発信ができないか、ワークショップで実践研究に取り組んだ。

「読者目線でやってみる」とは、読者のニーズがどこにあるかをよく考えてみようという話である。これは当たり前なのだが、実は現場の記者が忘れがちなポイントでもある。記者たちはみんなスクープを追っている。とにかく他社が報じていない話がほしい。

だから官僚がちょっと新しい政策宣伝の紙をちらつかせたりすると、意味もよく考えずに、飛びついてしまう。「政府の新しい政策」というだけでニュースと思ってしまうのだ。肝心の読者が「そんな政策のどこが私たちの暮らしにいい話なんだ」と受け止めるかもしれないのに。

最後の「チームでやってみる」。実は、これが鍵を握っているかもしれない。なぜなら、私自身がそうであるように、記者としてはそこそこ記事を書く能力があっても、エクセルを十分に使いこなせないから、生データが目の前にあっても統計処理などができない。それどころか、ネットに重要な生情報が公開されていたとしても、そのサイトまで検索で辿りつけないかもしれないのだ。

そうだとすると、記者は記事を書く作業に徹する。データの検索はコンピュータに精通した人に任せる。さらに見つけたデータの処理は統計作業に慣れた人に任せる。もしもデータを使って新しいアプリケーション・ソフトの開発が可能になりそうなら、それはソフト技術者に任せる。

そんなチーム作業でこなせば、いい仕事ができるかもしれないのだ。一人で全部こなせないなら、他人の力を活かしてみんなで仕事をすればいい。そういう話である。

日本のメディア、ジャーナリストは、そういうチーム作業を立ちあげることができるだろうか。

第7章

ジャーナリズムが生き残るためにすべきこと

「取材相手に信頼される記者」になる必要があるのか

私が新聞社に入社したのは1977年だ。当時、会社の幹部や先輩から最初に教わったことの一つに「とにかく取材相手に信頼される記者になれ」という言葉がある。「人間として相手に信頼されなければ、いい情報はもらえない」という趣旨と理解していた。

たしかに、そういう面はある。取材対象に「なんだ、この記者は」と思われてしまっては、相手にされないだろう。しかし「取材相手に信頼される記者になれ」という教えについて、いま私は言葉通りに百パーセント同意しない。

なぜなら、それは「相手のポチになれ」という側面を含んでいるからだ。たとえば多くの場合、官僚が記者の情報源になる。そこで「官僚に信頼される」というのは、「官僚にとって都合のいい記者になる、すなわちポチになる」というのと同義である場合が非常に多い。

もちろん、官僚と人間的な関係を結んで、互いに信頼し合うという関係が成立する場合もあるだろう。だが「仕事上の官僚と記者の関係」とは、そういうものではない。お互いが重要政策や政権運営の核心に迫るような仕事をしている場合であれば、なおさらだ。

官僚は自分の仕事を進めるために、都合のいい記者を選んで情報を流している。「自分が信頼されているから、相手は私に情報を流してくれたんだ」などと考える記者がいるとすれば、それはまったく甘い。勘違いもいいところである。だから「相手に信頼される」とは、そういう官僚から見れば「自分のポチとして使える」という意味になる。

一人の人間として相手から信頼されるのは、記者としてだけでなく社会人として大事なことだ。それを認めたうえで「自分が相手のポチになっているのか」、それとも「自分はあくまで自分の立ち位置を守っているのか」という点を絶えず検証し続けなければならない。この作業には終わりはない。記者とは、そういう仕事である。

ここがまず第一点だ。その点を確認したうえで、もっと構造的な問題に踏み込んでみよう。そもそも、なぜ「取材相手に信頼される記者」にならなければいけないのか。それはかつて、報じる価値のある情報は情報源の側だけにあって、記者の側にはほとんどなかったという事情を反映している。

役所情報が典型的だ。予算案や法案は記者クラブで発表されるまで公開されない。会見で資料が配られると、記者たちは我先に奪い合うように資料を見て、バタバタと本記、受けのサイド原稿（経済面や政治面に出す記事）、解説（たいてい署名入り）などの原稿を書く。そんな記事を書くためには、会見や懇談で官僚の説明を聞くのが必須の作業だった。これはいまでも変わらない。地方の県庁や市役所でも霞が関でも、ほとんど同じような作業が日々、繰り返されている。

こういう取材報道の現場では、情報源である官僚に信頼され、「これはオレのポチ」と暗黙の内に認定されれば、発表の1日前、あるいは1週間前にでも情報を漏らしてくれるようになる。それが、いわゆる「特ダネ」になる。ただし、官僚は記者に対して「お前はオレのポチだ」などとはけっして言わない。逆に「あなたは優秀だね」などと記者のプライドをくすぐったりする。

だから、特ダネには情報源だけが持っている情報を、少しでも早く入手して報じるという点に本質的な意味合いがある。少しでも早く入手するために、すなわち相手の信頼を得るために気の利いた記者が自ら進んでポチになる場合もある。それでも「オレはポチを目指す」などとは、けっして言わないが。

官僚によって都合のいいように使われる「特ダネ」

いまや役所の情報がどんどんネットで公開され、記者だけでなく一般の人も記者会見と同時に入手できるようになった。それどころではない。これまで紹介してきた予算の各目明細書とか電力需給の生データなどは記者会見で発表されないが、実はネットでは公開されている。そういう情報がたくさんある。

いつの間にか、閉鎖的な官僚と記者の世界を飛び越えて、ネットを通じて一挙に普通の市民社会に情報が流れるような時代になったのである。記者会見で出てくる以上の情報が、新聞やテレビのような既成メディアを経由せずに直接、人々に届くようになった。

さてこうなると、大胆に言えば「取材相手に信頼される記者」になる必要があるだろうか。もしも、取材相手に信頼されなければならない理由が「よその記者よりも一歩でも早く情報を流してもらうためだった」のであれば、それは「官僚の情報を一歩でも早く垂れ流すために信頼されたい」という話でしかない。そういう関係から出てくる情報は、別に記者の手を経由しなくとも、同じタイミングでネットで公開される。しかも、新聞に掲載される情報よりももっと分厚い情報が出てくるのだ。

それでも非公開の情報を一足早く報じれば、それはメディアの付加価値かもしれない。だが、そうした特ダネは、実は官僚にとって都合がいいように整理され、しかも多くの場合、都合のいい記者を選んで意図的に流されているのだから、肝心の受け手、すなわち読者や視聴者にとって真に価値あるものかどうかはわからない。

記者にとっては「取材源から距離を置いて自分の立ち位置を守っている」ことがもっとも重要である。だが官僚からみれば、往々にして「そういう記者は自分に都合が悪いので情報は流さない」という話になる。

そうだとすると、受け手の読者、視聴者からみれば、非公開情報を一足早く報じるのもいいけれど、実はもっとたくさんの情報がネットに流れているのだから、それらをしっかり分析して意味合いを報じてもらいたい、という要求が出てくるのも自然な流れではないか。

ずばり言えば「ポチの特ダネ」はもういい。発表になってから報じてくれれば十分だから、もっと公開情報を分析して、いろんな視点から「いま起きていること」を伝えてほしい。そういう話である。まさしくそれが「週刊ポスト」が火を点けた復興予算の流用スクープであり、データ・ジャーナリズムの胎動だった。

官僚の受け売りで目くらましの話を書いてはダメ

ポチの特ダネはいまでも続いている。たとえば、私が「週刊ポスト」の連載コラム「ニュースのことばは嘘をつく」（2013年2月8日号）で指摘した、毎日新聞の「福島に放射能研究拠点　雇用にも貢献　補正で800億円」という1面トップ記事（2013年1月10日付）

もそうだ。

この記事は、政府が補正予算を使って福島に放射能研究拠点を作るという話だが、実は東京電力福島第一原発の廃炉に向けた技術を研究開発するのが真の目的であり、副次効果として、数百人単位の雇用も生まれる、という話に仕上がっている。

だが、言うまでもなく本来、廃炉は東電の責任だ。民間企業である東電が自分自身で処理すべき仕事を、なぜ政府が税金を使って支援するのか。私は、史上最悪の事故を受けて政府が放射能管理を研究開発するのに頭から反対ではない。だが、それを隠れ蓑にして、東電の経営責任をあいまいにしたまま、政府が廃炉費用を肩代わりするのは納得しない。

そういう論点こそメディアが徹底的に分析して報じるべきなのだ。「雇用にも貢献」などと目くらましの甘い話を官僚の受け売りでそのまま書いているようではダメだ。それではメディア独自の立場が見えてこない。

では、メディアが「ポチの特ダネ競争」から脱するためには、どうしたらいいのか。私はメディア自身が記者教育について根本的に考え直すべきだと思う。

まず「取材相手に信頼される記者になれ」という教育をやめる。これが第一歩である。大事なのは、取材相手から信頼されることではない。「読者、視聴者から信頼される記者になる」ことだ。記者がなぜ記者でいられるか。メディアがなぜ企業として存続できるか。それは読者、視聴者の支持があるからだ。

「取材相手に信頼される記者になれ」と言う幹部やベテラン記者たちは、根本からそこを勘違いしている。そういう能書きを垂れるベテラン記者たちはみんな、自分たちが「取材相手、すなわち官僚や政治家、警察官、検事たちから信頼されたから立派な記者になった」と思っているのだ。実は「立派なポチだった」だけなのかもしれないのに。

そういう記者たちが原稿を書いてこられたのは、幸運にも読んでくれた読者がいたからである。それはなぜか。

読者には他に情報を入手する手段がなかったからだ。独占的な記者クラブ制度の下で、取材相手と記者が談合したり、秘密のポチ関係を結んでいたりしても、読者にはそういう事情がさっぱりわからなかった。

だが、いまや記者クラブの閉鎖性は暴露され、記者たちの正体も一般に知られてきた。そんな中で、メディアやジャーナリストが目指すべきもっとも大事な道は、読者、視聴者の信頼を得る。これに尽きる。

そこを出発点に据えると、実は記者たちが記者クラブに通い詰める必要はない。読者の求める記事は記者クラブだけから発信されるわけではないからだ。むしろ記者クラブに張り付いていたら、世の中のニーズや願い、怒り、喜び、悲しみはわからなくなる。

街に出て、生きていくために本当に必死で戦っている人の声を聞く。人々の平穏な暮らしや繁栄がなぜ実現できないか、どこに問題があるのかを徹底的に調べ、自分の頭で考えて、問題の根源を探す。人と議論を重ねる。そういう作業が必要だ。そのためには、インターネットを使いこなす技術は不可欠である。

私は途中で挫折したが、統計学の基礎知識も必要だと思う。ネット検索を使いこなし、必要に応じて自分で生データを統計処理する。基礎作業くらいはせめて自分でこなせるようになりたい。ジャーナリズムを目指す人は学生のうちから、そんな基礎的スキルを身につけておくべきだ。メディア企業に入ってから勉強しようと思っても、毎日起きる事件現場で対応するのが精一杯で、勉強する時間がない。

そうであれば、せめて会社は新人教育のカリキュラムで勉強する方法くらいは手ほどきすべきではないか。たとえば、実践的なエクセルの使い方やデータ検索の方法である。こういう分野はいま、ほとんど本人任せになっている。

だが、ジャーナリズム以外のプロの世界、たとえば金融や情報通信（ＩＴ）分野では、その種のスキルについて仕事の場で新人を徹底的に訓練する。技術も日進月歩である。メディア企業の幹部たちも、少しはよその世界を知るべきだ。もっとも再教育が必要なのは新人ではなく、実は幹部たちなのかもしれない。

彼らが育って偉くなったのは「ポチの特ダネ競争」の時代だった。
それはもう終わりつつある。時代と社会が既成メディアを追い抜いてしまったのだ。

記者会見場にあふれる「トリテキ」

役所の情報は記者クラブの会見室にいなくても、記者発表と同時にインターネットを通じて公開されている。発表情報は記者たちの独占物ではなくなった。そんな時代に新聞やテレビの記者たちはいったい、どんな仕事をすればいいのか。

かつて朝日新聞記者として地方支局で働いた後、いくつかのネット企業を経て、ニコニコ生放送のニューステーム統括責任者を務めた亀松《かめまつ》太郎《たろう》に話を聞いてみた。亀松は活字とネットの両方に通じている。

まず新聞記者の現状について、亀松はこう言った。

「記者たちからは『新聞社の経営が大変だ』という話がよく聞こえてきますね。経営だけでなく情報源と接する場についても、かつてのような『独占性』が失われた。ネットの登場で相対的に新聞の地位が低下したのは間違いありません」

「一方、記者たちは1日2回の紙（新聞）の締め切りだけでなく、ネットにもコンテンツを出すよう求められている。たとえば、朝日新聞が福島の手抜き除染問題を報じましたね。あれは動画でも取材している。朝日のウェブサイトには動画がアップされています。記者たちは仕事の負荷がかかって非常に忙しくなった」

記者が忙しくなったのはたしかだ。たとえば「トリテキ」という言葉がある。ニュース番組で記者たちが会見中にノートパソコンを開いて、ひたすらキーボードを叩いている姿を見かけるだろう。あれだ。一言一句を会見中からコンピュータに入力して、同僚記者やデスクに送るのだ。言葉の由来は知らないが、テキストをとるから「トリテキ」なのかもしれない。

こういう作業は、私が新聞社に入った30年以上前にはなかった。メモはあくまで自分が記事を書くためであって、同僚記者やデスクに見せるためではない。仲間と情報を共有する必要があるときでも、それ専用のメモを作ったものだ。

ところがコンピュータで簡単に情報を送れるようになったためか、いつのころからか会見発言を全文、起こしたメモ自体を共有するようになった。記者たちは会見や懇談に出るたびに、そこにニュースがあろうがなかろうが、とにかくメモに起こして同僚やデスクに送る。そんな作業が当たり前になってしまった。

ある新聞社のデスクから聞いた話だが、その社では記者が書く記事自体より、会見や懇談の発言メモをまめにデスクに送ってくることが評価され、そういうまめな記者のほうが出世していく風潮があるらしい。そうなると、記事よりメモが大事という話になる。

記者は読者を相手に記事を書くより、デスクに気に入られる、少なくとも嫌われないようにするために仕事をするようになってしまう。現場の記者にとってデスクに嫌われるというのは、大変な事態である。一歩間違えれば、他の部署に飛ばされてしまうからだ。

そんな、だれでも書けるようなメモを送ったところで、実はだれも真剣に読まないし、単なる気休めかもしれないのだが。

これからの記者に必要な三つのタイプ

亀松の話を続けよう。

「これまでは記者会見に出て、幹部の懇談に出ていればそれなりの仕事になったのに、いまや動画も撮る。会見発言は全部メモに起こす。そのうえ『データ・ジャーナリズム』とか言って、データ処理まで求められる。取材相手の夜回りからデータ処理まで一人で全部やることになって『そんなこと言われても困る』っていうのが本音ですよ」

たしかにそうだ。私の現場時代はせいぜい会見と懇談に加えて夜回りまですれば、十分

「仕事熱心な記者」で通用した。夜回りに備えて昼間はソファで昼寝していても、だれも文句を言わなかった。「会見メモを全部起こせ」などと言われたら、私だったら「俺はテープレコーダーじゃない！」の一言でキレていただろう。

ついでに言えば、私はほとんど取材メモをとらない。昔はそれなりにとっていたが、いまはまったくメモしない場合もある。なぜかといえば「大事なことは覚える」「覚えていることと以外は大事なことではない」と割り切っているからだ。そういう考えでここ数年やってきて、困ったことはない。

逆に、話を聞いている最中にメモをとると、メモに夢中になって、肝心の話のポイントをつかめなくなる。そうなると、自分の質問がいい加減になる。相手から何を聞き出すのか、核心に迫れなくなってしまうのだ。それでは何のために会っているのか、わからない。

人に会って話を聞くときは全身全霊を傾けて聞き、同時に自分の頭をフル回転させて、話を「その次の展開」に発展させていく。そこがもっとも肝心である。これは、まさにいま、亀松の一言二言から私がここで書いているようなことでもある。

亀松の話に戻る。

「でも、私はそれは『かえって面白くなったんじゃないの』と思う。なぜなら、記者の個性や能力を発揮しやすくなっていると思うから。だって、夜回りからデータ処理まで一人で全部できるような記者はいないでしょう。だったら『私はこの部分はあきらめる』ということも許されるはずだ、と思います」

「たとえば、夜回りで人から情報をとるのが得意な人は夜回りに特化すればいい。人と話すのは苦手だけど、データ処理するのは得意という人はそっちに行けばいい。まさかトリテキのキーパンチャーになるために記者になったという人はいないと思うけど（笑）」

人と話すのが苦手という記者は少数ながら、たしかにいる。本を読んだり勉強するのは好きだが、生身の人間が苦手というタイプである。かつては、そういうタイプの記者はだいたい整理部に回った。見出しをつけたり紙面デザインをする部署だ。

新聞は政治部や経済部といった取材部門と整理部門に分かれている。いま求められているデータ・ジャーナリズムのような世界では、データ処理の専門能力も必要になる。取材部門や整理部門で対応できないなら、新たにネット検索やデータ処理の専門チームを加えてもいいだろう。

亀松は「これからは新聞には三つのタイプの人材が必要になるのではないか」と言う。一つ目はなんでもやるゼネラリスト型。二つ目は専門化された記者。政治部や経済部、社会部だけでなく夜回り型とデータ型、あるいは経済部の中も、もっと専門化していく。三つ目がマネージメント型だ。人を動かす能力は取材能力とは別であり、ビジネス感覚も必要になる。

このうちデータ処理は新聞がもっとも苦手で弱い分野だろう。亀松は「民間や役所にはデータ処理が得意な人はいっぱいいますよ。そういう人をリクルートしてくればいい。大学院で統計学を勉強したような人とか。アメリカンフットボールのように、それぞれに役割を与えてチームで仕事をする感覚が必要です」と言った。

そう言いながら、亀松は現場の記者たちに同情的だ。

「いまは時代が『ゼネラリストでないとやっていけない』のだと思います。私自身で言えば、朝日新聞に入って奈良支局に行った。サツ回りから始めて県庁、市役所を担当し、奈良だったので文化財担当というのもやった。あと経済もチラッとやって合計3年です」

記者は自分の頭でモノを考え取材対象に迫っているか

「そこで思ったのは『新聞はゼネラリスト志向が強いな』ってこと。最初のサツ回りができないと次へ進めない。人事配置の考え方がそうなっている。でも、記者を最初の型にはめてしまって、それができないとダメというのはおかしいんじゃないか」

「新聞記者は私の経験上、他の業界に比べて、潜在能力が高い人が多いと思いますね。真面目で勉強熱心。物事の理解能力や知的能力も平均以上です。はっきり言ってポテンシャルは相当高いのに、残念ながら全然、活かせていない」

「最初の段階で型にはめようとするから、その人が本来持っている能力を伸ばせていない。最初の型もいろんな色があって違えばいいんだけど、みんな同じ色に染めようとしている。これはデスクや部長というより、もっと上の経営判断の問題ですね」

これには、私もまったく同意見だ。亀松の話を聞きながら、私も現場の記者に同情的になった。彼らはまず非常に忙しい。会見や懇談に出て、聞いた話をぜんぶメモに起こして同僚に流す。それで記事を書いて、夜回りに行く。さらにネット情報もチェックする。

これらを全部、きちんとやろうと思ったら、昼寝している時間など当然ない。さぼっていたりデスクに反抗したりすれば、すぐ飛ばされる。せっかく5年前後も地方支局でがんばってようやく東京に来たのに、飛ばされたら元も子もない。だから、とにかく黙って仕事をする。そういう環境には本当に同情する。

だからと言って「それでいい」とは言えない。ルーティンワークが忙しすぎると、どんな弊害が起きるか。それはメディアやジャーナリズムに限らず、どんな仕事でも同じだが、「自分の頭で考えなくなる」。これが最大の問題である。

とりわけ記者という仕事にとって、自分の頭で考えなくなるのは致命的だ。なぜなら、記者の仕事は相手が言った話をそのまま伝えることではない。「それが客観的な仕事というものだ」と勘違いしている記者が多いが、完全に客観的な報道というものは、本当はない。

話のどの部分を重要と判断し、どう解釈してどのように伝えるか。それが記者の生命線である。それは、すぐれて記者の主観的な仕事なのだ。「客観報道」などという話は、読者に「あの新聞は右だ」「左だ」などと思われないほうが商売上、都合がいいから、新聞社が建て前でうたっている話にすぎない。

それは社説を書いてみれば、すぐわかる。中立で公平、客観的な社説などというものはない。憲法改正に賛成か反対か、集団的自衛権の行使に賛成か反対か、あるいは環太平洋連携協定（TPP）に賛成か反対か。国論を二分するようなテーマで中立という立場はないのだ。

客観中立を掲げる取材報道の現場でも、そうした社の考え方は多少なりとも反映されている。社の考え方はともかく、ジャーナリズムでもっとも大事なのは「一人ひとりの記者自身が自分の頭でモノを考え、取材対象に迫っているか」という点である。

それを失ってしまったら、記者は記者でなく単なる伝達係になってしまう。伝達係はネットのホームページに任せておけばいい。問われているのは、記者自身の理解力と発想、そして自分は何を伝えたいのか、そのためにどういうスキルを磨いて、どういう役割を果たそうとするのか、という問題である。

転機となった小沢一郎の「ニコ生」出演

インターネットの世界では、2ちゃんねるのように利用者がテーマを決めて勝手に発言する場はあった。だが、ニュースの現場にカメラを持ち込んで生中継したり、注目を集める人をスタジオに呼んで話を聞く試みを本格的に始めたのは「ニコニコ生放送」が最初である。

ニコ生はどのようにして始まったのか。亀松が語る。

「最初はニコニコ動画だったんです。サイトの中に編集された動画をアップして、そこに視聴者がコメントを付けられるようにした。ユーチューブの日本版にコメントが付いたようなものです。それが途中からニコ生に発展していった」

「ニコ動がどういうものかと言えば、基本はあくまでもプラットフォームです。そこにどういう情報を流すか、コンテンツは利用者に決めてもらう。私たちは自分ではコンテンツを作らない。自分でやるとコストがかかるからです」

「利用者がやりたいことをやれるような場やツールを提供する。たとえば『歌ってみた』という場では視聴者がカラオケで歌ってみてネットに流す。すると、中には評判になってプロデビューを果たすような人も出てくる」

「それをやっているうちに、生中継してもできることがあると気がついた。たとえば政治家の記者会見をやってみると、結構ニーズもある。本来はプラットフォームにすぎなかったが、政治家の記者会見を昼間に出かけていって中継する作業は、ある程度、資金力があるチームでないとできない。それでニコ生をやってみたわけです」

「たまたま民主党に政権交代して、記者会見をネットで公開する気運が盛り上がった。岡田《おかだ》克也《かつや》外相（当時）が初めて会見を公開したんです。会見をノーカットで全部中継してみたら反響があった。亀井静香《かめいしずか》金融相（当時）の会見もそうです」

「ニコ動はそれまでアニメとかゲームといったオタクのサイトだったけど、『それではプラットフォームの可能性を狭めているんじゃないか、イメージの固定化は良くない』という議論があって、もっと広げようという動きになった」

「当時、社内で言われた言葉が『一般化』でした。利用者層を広げるにはどうするか。だれもが名前を知っているメジャーな政治家を呼んできてはどうか、という話になった。それでニコ生の知名度を上げようとした」

転機になったのは、2010年11月3日の小沢一郎《おざわいちろう》元民主党代表（当時）の番組出演である。小沢は政治資金問題で東京地検の検察審査会から強制起訴された後、メディアにいっさい登場せず沈黙を守っていたが、強制起訴から約1ヵ月ぶりに初めて公の場で語った。その舞台に選んだのがニコ生の特別番組だったのだ。

小沢はジャーナリストの角谷浩一《かくたにこういち》や神保哲生《じんぼうてつお》、江川紹子《えがわしょうこ》らの質問に答える形で心境を語った。東京都内のスタジオには新聞、テレビの政治部や社会部の記者ら約40人が詰めかけ、テレビ各局は当日の報道番組で、新聞は翌日の朝刊で小沢の発言を報じた。

新聞、テレビを尻目にニコ生が独占放送したのは、メディアの世界で驚きをもって迎えられた。それまでニコ生は事業仕分けの生中継などで一定の知名度を獲得してはいた。だが、メディアの世界で注目を集めていた小沢の独占インタビューを絶妙のタイミングで実現したのは、やった側が「勝利」、やられた側は「敗北」である。

小沢を番組に引っ張りだすのに成功したことで、ニコ生自身がメディアの世界で市民権を得たのである。亀松はこのときの様子を感慨深げに語る。

「地下のスタジオで中継を始めたんですけど、狭いから入れるのは各社のカメラマンだけ。記者は1階にある大部屋でモニター画面を見ながら聞いたんです。記者たちはみんなICレコーダーで録音しながら、小沢の発言を一言一句漏らすまい、と必死にコンピュータに打ち込んでいく。ひたすらトリテキしてたんです」

「でも、小沢の発言はぜんぶネットで中継されてたんですよ。これほどシュールな場面はないと思いましたね。記者たちはモニター画面を見て発言をコンピュータに打ち込んで、会社にメールで送っている。でも、そんな作業は会社でもできるんです。ネットでつながってるんだから。現場に来てるんだったら、なんで小沢の表情を見ないのか」

亀松は「シュール」と表現したが、私は新聞やテレビの記者たちは当惑していたのだと思う。インターネットという新しい媒体を前に、新聞やテレビは事態をどう扱ったらいいのか、よくわからなかったのだ。

ネットがすでに小沢発言をすべてノーカットで流していることはわかっている。それでも新聞やテレビは従来と同じように発言をメモに起こして、要約して伝える以外の方法を見いだせなかった。

朝日新聞と毎日新聞は小沢発言の場を「インターネット番組」と報じて、ニコ生の名前すら報じなかった。それは暗黙の内に、自分たち以外の新たなメディアの登場を認めたくなかった気分を表している。新聞社の「当惑」が記述の仕方に象徴的に表れていた。

ネットは新聞と違って完全にガチンコ

ニコ生はこれ以降、拡大路線をたどっていく。2011年3月11日の東日本大震災と福島第一原発事故が追い風になった。東京電力の会見や原発をめぐる討論番組は世間の大きな関心事だった。しかし、拡大路線は同時にコストの増加にもなった。

「私がドワンゴに入社した２０１０年4月には、部下が2人だけだった。ところが小沢会見や大震災、原発関連報道の後、アルバイトや契約記者を含めて30人くらいのチームに膨れ上がった。つまり2年で15倍になったんです。ものすごく急激な増え方でした」

「人手は必要でした。生中継をどんどんやろうと思ったら、記者とか編集者とか人はいくらでもいる。だが、社内にも『それほど人手をかけてやる必要があるのか、冷静に考えよう』という意見があった」

「一方、ドワンゴの経営ははっきり言って、それほど儲かっていない。昨年は赤字です。利益が出ていない。ドワンゴの売上高の柱は携帯電話の着メロ、着うたでしたが、携帯電話がスマートフォンに変わって解約が増えたんです」

たしかにドワンゴの２０１２年9月期決算をみると、売上高は３６２億４３００万円と前年比でわずかに増収だが、経常利益は12億８４００万円で減益、当期純損益は5億６００万円の損失を計上している。

「そこで２０１２年春ごろから年末にかけて事業内容を見直した。リストラによる事業のスリム化です。本来のプラットフォームに戻ろう、という動きが強まった。いまでも官房長官の会見とか政治家が登場する番組をやっていますが、効果を見極めて厳選していく方向です。ＩＷＪ（インディペンデント・ウェブ・ジャーナル）とか別のコンテンツメディアも出てきた。それならニコ生の役割も小さくなったのではないか、という意見もあった」

リストラの中で亀松自身も２０１２年12月末でドワンゴを退社した。亀松はいまネット・ジャーナリズムの将来をどう見ているのか。

「大きな変化の中にあるのは間違いありません。考え方としては、とにかく『いろんな手を打っていこう』という点に尽きます。やってみないとわからないのです。ニコ生も最初『受けたからやってみた』にすぎない。考えているだけではわかりません」

「新聞は記者クラブとか再販価格制とか宅配制とか、いろんな参入障壁に守られている。これに対してネットは完全にガチンコ、弱肉強食の世界です。そういう中で生き抜くには、とにかく判断の速さ、動きの速さ、情勢を見極めてコストをかけないことが必要です」

「ネット業界は人材も非常に流動的です。ライバル企業に転職してしばらくすると、また元の会社に戻ってくるという例もザラにある。外から来た人に対して社内の壁がない。人を採用したら、すぐその人に仕事を任せる。私もドワンゴでそうでした」

「これからは、小さめの会社でいろんな仕事を同時にやっていこうと思っています。いま５～６社の仕事に関わっていますが、やろうと思えば10社くらいできますね。いま一番、力を入れているのは弁護士ドットコム（＊32）。ここは弁護士に登録してもらって相談を受け付けるサイトです。ニュースも扱ってます」

朝日新聞の地方記者からキャリアをスタートさせた亀松はニコ生を経て、いま新しいネットメディアに挑戦している。ニコ生自体は事業仕分けや小沢会見、原発報道で存在感を高めたが、経営難に直面して事業見直しを進めている最中だ。

亀松が言うように「こうすればネットの世界で持続可能なジャーナリズムが成立する」というビジネスモデルはまだ定式化されていない。だから結論はないのだが、それでもあえて言えば、ヒントくらいはある。まず読者、視聴者にはニーズがあるという点だ。それはニコ生のノーカット会見が示した。ニコ生だけでなくノーカット会見を有料で配信するサービスも登場している。

読者、視聴者だけでなく、実は情報提供者（政治家や役所を含む）の側にもニーズがある。新聞やテレビは報じる量に制約があるからだ。ネットには基本的に制約がない。視聴する時間も自由になる。加えて小沢のケースでは、既存の新聞やテレビに対する不信感もあったかもしれない。

新聞やテレビは情報を求める人を絞らない。ネットも同じだが、あるいは思い切ってターゲットを絞る戦略もあるかもしれない。世界中、だれでもアクセスできるからといって、ターゲットを絞らない理由にはならない。一般化を狙いすぎると、新聞やテレビと同じ土俵に上がってしまう。それがいいか悪いか、何とも言えないし、やってみなければわからないのだ。

コストをかけないのが、できたてのスタートアップ・メディアの鉄則だとすれば、「少人数でできることだけをやる」という話になる。だとすれば、企画力が勝負である。だからこそ万人受けする必要はない。

「こういう情報がほしい」という人にピンポイントで情報を届けられるかどうか。そのための回路がどこにあるか。それを突き止めなければならない。そういう作業は新聞やテレビといったマスメディアは苦手だ。というより、経験したことがない。彼らはそもそもマスの大衆が相手で、そんな必要はなかったからだ。

そういうマーケティング手法を編集者たちも身に付ける必要がある。「こういう面白い話があるから、これを読め」ではなく、「あなたはこういう情報を必要としているんでしょ。ここに答えがあります」という相手を探さねばならない。

ネットメディアの挑戦は始まったばかりである。

特別収録　大鹿靖明インタビュー

いま新聞の現場にいる記者は、どんな気持ちで仕事をしているのか。何を問題と考え、どこに希望の光を見出しているのか。朝日新聞で活躍している大鹿靖明《おおしかやすあき》記者にインタビューした。大鹿を選んだのは、彼は新聞以外に雑誌の経験もあり、本も書いている（最新刊は講談社ノンフィクション賞を受賞した『メルトダウン　ドキュメント福島第一原発事故』、講談社、２０１２年）。テレビ出演の経験もある。幅広い仕事で評価を得ていて、組織に属するジャーナリストでありながら、新聞について実名で自分の思いを語れる数少ない記者であると思ったからだ。

予想通り、大鹿は率直に自分の仕事と新聞について語ってくれた。一問一答を紹介しながら、新聞について考えてみる。

――大鹿さんは朝日新聞、雑誌の「アエラ」、書籍、それに最近は朝日のウェブ媒体でも活躍されていますが、朝日新聞は記者に自由に媒体を選ばせてくれるんですか。

「2012年4月に9年半在籍した『アエラ』から新聞の経済部に異動になったんですが、この1月から意識的に自分の仕事を増やそうと思っているんです。新聞は連載の企画記事（「限界にっぽん」）の取材班に属しているのですが、なかなか登板する機会がないうえ、たまに登板して200行くらい書いてみても、やはり書き足りないこともある」

「朝日新聞は比較的、自由で、たとえば船橋洋一《ふなばしよういち》さんとか山田厚史《やまだあつし》さんとか、私の大先輩たちもかつて雑誌やテレビなどで幅広く仕事をしていました。いまでも記者は上司を通じて、たとえば『アエラに書きたい』と希望すれば、基本的には書くことができます。他社の媒体でも、会社の許可を受ければ書くことは可能です」

――大鹿さんにとって「仕事へのインセンティブ」はなんですか。

「1988年に入社して青森支局でサツ回りを始めたとき、『こんな面白い仕事があるのか』『3日やったらやめられない』って思いましたね。でも、長じて『自分の背中を支えるのは何か』と考えると、それは口はばったいけど、やはり大義とか正義とか、『この不正は見逃せないぞ』という思いですね」

「だけど、その思いと実際の仕事がトンチンカンではしょうがない。やり切るだけの力量があって、初めて可能になるのだと思います。具体的に言えば、私は2006年にライブドア事件を『アエラ』記者として取材しました。私は検察に事情聴取された関係者に、直接会って供述内容を聞いて回ったのです。すると検察の捜査がいかにデタラメかがよくわかりました」

「つまり、初めに自分たちが作ったシナリオに沿った証言や証拠を集めて事件を作っていく。裁判所もベルトコンベアに乗ったように裁判をする。社会部記者は内心『おかしい』と思っていても、声を上げない。『これはおかしい』とはっきり言ったほうがいい、と思いました」

「私は社会部記者ではないから、検察を中心に取材したわけではありませんが、それでも検事を夜回りしたこともあります。夜回りしてみると、検事たちは他の社会部記者がいるところでは堂々としているんですが、私が一人で関係者の供述を基に話を聞くと突然、ビビり出したり、中には猛然と怒り出す人もいた。『なんだ、これは』と思いましたね」

「そこで、私は『他の記者がおかしいと思っていても書かないことを書く』『そこに私のマーケットがある』と気付いたのです。未開拓の市場です。私は経済部で民間企業を取材する、いわゆるビジネス記者なんです。社会部記者でなかったことが幸いしたのかもしれません」

――その経験を本にしようと思ったわけですね。

「あのときは『アエラ』に毎週書いていましたけど、その後、取材すると『実は真相はこうだったんだ』という話がたくさんありました。それを当時の上司に話すと『それを本に書け』というアドバイスをいただいた」

――それはいい上司でしたね。大鹿さんは「組織のジャーナリスト」について、どう思っていますか。

「まず、あまりにも人事のローテーションが早い。専門性を磨く前に自分の持ち場が変わってしまう。つまり、深く取材できない。一方、最近の現場の記者は最終的に記事にまとめるアンカーに取材メモを上げるのが仕事のようになっている。政治部や社会部のように取材体制が組織化された部はとくにそうです」

「経済部は取材対象が非常に細分化されてタコつぼ化が進んでいるので、メモ上げ・アンカーのような体制ではなく、まだ個人に任されている部分がありますが、それでも自分で企画、取材して執筆するような記者がとても少なくなっている印象を受けます」

「半面、記者はみんな特ダネを意識していますから、取材対象からのリークにのりやすい。リークを欲しがっていると言ってもいい。発表より半日でも早く書くのが特ダネというマインド・セットになっている」

「でも、本当は話の背景にある人の動きとか力学を描くインサイドストーリーも特ダネなんですね。私は、そういう話を雑誌に書いたりしていましたが、それを本格的にやろうと思って、自分で『アエラ』を志願したんです。新聞は深掘り取材もできるはずなのに、なかなかできていません」

——最初から、インサイドストーリーの書き手を目指していたんですか。

「初めは政治と経済の絡みとか経済犯罪のような問題をやりたいと思っていました。でも『それは社会部の仕事』と言われて（笑）。経済部で最初に配属されたのは、電機業界を取材する記者クラブです。そこでDRAMとかCPUという単語にぶつかった。コンピュータも使えない私は『火星に来たのか』と思いました（笑）」

「でも、大企業の人事とか社内の暗闘話を聞くと、仕事にハマってしまった。『これは面白いぞ』と。高杉良《たかすぎりょう》さんの世界ですね（笑）」

——「アエラ」では、自分がやりたいことができましたか。

「最初はメタメタでした。たとえば年金の話なんて、さっぱりわからない。知ってる分野は書けても、知らない世界はまったく書けない。私は『甘かったかな』と思いました。ゼロから取材相手を探して9年半、積み上げて反復していくうちに、ようやく記事が書けるようになった感じです」

「新聞の150行と雑誌の2ページ、4ページはまったく違います。新聞は一人の取材相手から聞いた話でも記事が書けてしまいますが、一人に依存した情報で雑誌の2ページは書けません。当然、取材に厚みが必要になります」

――それは、ジャーナリストの基礎のような話です。9年半もよく「アエラ」にいましたね。人事異動の話はなかったんですか。

「私は37歳で『アエラ』を志望したんですけど、途中で2回ほど、『そろそろ新聞に戻ってデスクにならないか』という話があったんです。でも、異動にならなかった。ちょうどライブドアのニッポン放送買収事件で忙しかったりしたせいもあって、上司が『いま戻ってもつまらないぞ。断っておくから』と断ってしまったんです」

このあたりからインタビューは佳境に入っていく。組織で生きるジャーナリストがいつまでライターでいられるか、という問題である。朝日に限らず、新聞社では40歳を過ぎたあたりから取材現場を離れてデスク、部長といった管理職に入っていく例が多い。これは組織ジャーナリストの宿命だ。中高年になってもライターでいられるのは編集委員、論説委員、海外特派員、地方の通信局記者など、ほんの一部に限られる。

——大鹿さんはデスク、部長といったライン志向はなかったんですか。

「私はライターでいこうと思っていました。みんな本当はライター志向なんじゃないですか。でも、実際には難しい。部長になると次は局次長、その次は局長、役員というように、いつしか管理職としての出世を考えるようになる。普通のサラリーマンと同じです」

「私は部長ならずっと10年も部長、局長ならずっと局長というプロの管理職があってもいいと思います。現実は2~3年で交代という出世の階段になっている。そういう官僚組織が現場のライターのプロ意識を劣化させている面もあります」

「部長の後に平記者に戻るとか、局長の後にライターになるという道もあっていいと思いますが、朝日で部長の後にライターになった例がありましたかね。ほとんど知りません。私も40歳を過ぎてから、ようやく世の中のことがわかりかけてきた。人脈もできたし、さあこれから、というタイミングで普通はデスクになってしまう。それはもったいない」

――中立・客観報道については、どう思いますか。

「私も本多勝一《ほんだかついち》さんが言ったように、まず記者の主観が最初にあると思います。でも、そのうえで『本当はこうなんだ』という話をできるだけ客観的に書いていく姿勢が大事だと思う。つまり事実を掘り下げていく『ファクト・ファインディング』の作業です」

「いま連載の企画記事で『企業内いじめ』（追い出し部屋）の問題を扱っていますが、事実を詰めて書かないと、後で企業から抗議がきたときに負けてしまう。浅い取材だとアウトになってしまうんです。自分の思いは抑制しつつ、事実を詰めていく作業が大事なんです」

――自分の思いは消してしまうんですか。

「最後の1行に入れるとか。あるいは普通の記事なら本記とは別の解説に回すとか」

――日本の新聞はその辺の境目があいまいですね。最近、論説でなく報道で記者の主観や意見が混入している記事が非常に目につきます。

「実は署名記事でも記者ではなく、デスクの意見が混入する例だってありますよ。書いた記者は困惑しているでしょうね」

――フリーランスの記者になろうと思ったことはありませんか。

「会社を辞めようかと思ったことは何度もあります。でも、フリーランス記者に言わせると『フリーは実はフリーではない』『組織ジャーナリストのほうが、はるかに自由だ』と。生活のために、やりたくない仕事だってやらざるをえないときがあるからです」
「長谷川さんは前に私のインタビューで『会社の緩い環境を利用すればいいんだ』と言いましたね。私は『まさにそうだ』と思いました。会社の中には私に早く退職してほしいと思っている幹部もいるようですが、それで辞めると『相手の思うツボ』なので、あえて辞めずに、私は定年まで会社に残るつもりでいます」
「『アエラ』では日本航空の破綻とかライブドア事件、さらに原発事故を取材できました。『アエラ』に記事を書きながら、同時に後で本になる取材もしていたわけです」

私が一番、聞きたかった話は最後に聞いた。

――仕事で腹の立つことはありませんか。

「まず新聞が大企業病化している。特定当局の族議員ならぬ『族記者』になっているような例が多い。とくに社会部の検察とか警察、国税、宮内庁担当がそうです。取材対象に対して、あまりにも批評的な目がなさすぎます。だから『権力のポチ』とか『タマ』などと言われる。それが出世すると、今度は『社内権力のポチ』と化すんです。特に社会部系の幹部に多いですね」

「たいてい法務や広報の担当役員になるのですが、新聞社の広報担当役員は会社や紙面のPRよりも、役員フロアの用心棒になって、週刊誌がかぎつけたスキャンダルを『隠す、他人に押しつける、もみ消す』。私が取材した新聞社はたいてい、そうでした。最近でも共同通信のスキャンダル（就職志望の女子学生を人事部長がホテルに連れ込んだ事件。当初、会社側は否定した）がありました。『ここまできたか』と思いましたね」

「現場の記者たちも、記者会見に行くと下を向いてキーボードに入力するばかりで、だれも質問しない。最近は記者会見がユーストリームなどで中継されているせいか、まぬけな質問をすると、ネットで炎上してしまうらしいですけど、そんなの炎上してもいいじゃないですか。記者が本来の職責を果たしていない。ジャーナリストではなく、パソコンのキーボードパチパチのオペレーターになっている」

「最近の紙面を見ていると、わかりきった話を決まりきったスタイルで書いたものか、当局の意図的リークにのった嘘の記事が多い。原発事故で菅直人《かんなおと》首相（当時）が海水注入を止めたという例が典型です。あれは官邸にいた東京電力のフェローが止めたのが真相でした」

「案外希望が持てるのはネットかもしれませんね。新聞の1面に記事を出そうと思ったら、社内の調整が大変で時間がかかるし、内容も換骨奪胎されてスカスカになってしまうけど、朝日新聞デジタルやウェブロンザのような朝日の有料ネットならタイミングも量もかなり自由にできます。私の同僚も新聞ではなくて、ネットにすごく面白い記事を書いたりしている。ウェブ媒体はジャーナリズムの希望の光かもしれません」

終章

職業ジャーナリストは何で食っていくのか

だれでもメディアを手にし、だれでもジャーナリストになれる

本書ではメディアとジャーナリズムについて、さまざまな角度から現状と問題点を考えてきた。私が一貫してこだわってきたのは、「メディアとジャーナリズムの自立」という問題である。では、どうすれば自立できるのだろうか。まずメディアやマスコミ、ジャーナリズム、あるいはジャーナリストという言葉を、私なりに定義してみよう。

私はメディアやマスコミ、ジャーナリズムという言葉をさまざまなところで使ってきたが、実は言葉の違いをしっかりと自覚して使っていたわけではない。和製英語のような「マスコミ」という言葉は好きでなかったので、どちらかと言えば、「メディア」や「ジャーナリズム」を多用してきたと思うが、同じような意味で使ったときもあったと思う。

だが、本書の終わりが近づいてから、あらためて意味の違いに気がついた。いま「メディア」とは本来の語源通り、「情報を伝達する媒体」と定義したほうがいいのではないか、と思っている。というのは、インターネットの世界が格段に広がった中で、いまやジャーナリ

ストでなくても、だれもがいつでも情報を自由に発信する手段を得たからだ。

ブログやツイッターでのつぶやき、フェイスブックへの書き込みも普通になった。そこで、そんな情報を伝達している媒体自身を「メディア」と呼ぼう。その中にはネットはもちろん、新聞やテレビ、ラジオ、雑誌、書籍など既存の「マスコミ」も含まれる。これらは媒体である。メディアを情報そのものではなく「情報を伝達する媒体」と考えれば、媒体自身は何も訴えないし、意味をもたない。情報を通過させる、単なるトンネルのようなものだ。広く伝わるか、狭く伝わるか、あるいは速いか遅いかという違いはある。表現の形式、スタイルもメディアによって異なる。だが、あくまで媒体であるのは同じだ。

これに対して「ジャーナリズム」は、まったく別物である。記者ないし筆者が何事かを伝え、分析し、意味付けを与え、ときには主張する行為である。ジャーナリズムを形に表現して読者に伝える手段が「メディア」であり、その一部がいわゆる「マスコミ」である。ここでは、そういう風に定義する。

すると、現代は「だれもがメディアを手にしている」時代である。かつては、個人が世間に広く意見を発表しようとすれば、新聞の発言欄に投書したり、ラジオ番組に葉書を送ったりする以外になかった。だれもが雑誌に記事を書いたり、本を出版できたわけではない。意見発表の機会は限られていた。だが、いまではインターネットにつなぎさえすれば、ツイッターやフェイスブックなどを通じて、だれでも自分の意見を世間に発表できる。

メディアの一部であるマスコミはどうかと言えば、自分の意見をマスコミに発表するのは、いまだに機会が限られている。だが影響力については、マスコミよりもツイッターのほうが勝っている場合もある。それは東日本大震災と原発事故の経験で証明された。

ネットが発達していなかった時代には、ジャーナリズムは「職業ジャーナリスト」だけに限られた世界だった。職業ジャーナリストだけがマスコミというメディアを通じて、広く世間に情報を発信できたのだ。だが、メディアが人々に開放されたいまでは、だれでもジャーナリストになれる。たとえばブロガーが典型だ。だれでも自分のブログを作って情報を発信できるのだ。

マスコミという閉ざされた世界の壁が打ち破られ、ネットによってメディアが人々に開放された結果、何が起きたか。一言で言えば、ジャーナリズムも開放されてしまった。いまでは官僚も政治家も、大人も子どももだれでも、なろうと思えば、その日のうちにジャーナリストになれる。

実際、政治家は自ら情報を発信するようになった。かつて政治家は、講演会を除けば、新聞記者のようなジャーナリストを通じて自分の意見を伝えるしか方法がなかったが、いまでは新幹線で移動する合間に情報を発信できる。その姿はジャーナリストと変わらない。

読者が支持しなければ、即廃業

メディアが開放され、その結果、ジャーナリズムも人々に開放されたとなると、職業としてのジャーナリズムやジャーナリストはいったい、何を根拠にしてプロであり続けられるのか。無数にいるブロガーや新幹線車中の政治家ライターと「職業としてのジャーナリスト」を区別するものは何か。プロのジャーナリストとしての存在証明とはなんなのか。

私は結局のところ「読者、視聴者に支持されているかどうか」であると思う。読者、視聴者のニーズに応えているかどうか。それがプロのジャーナリストか、そうでないかを区別する基準ではないか。

何かを伝えたい、訴えたいと思えば、だれにでもできる。コンピュータを立ちあげて、ブログでもツイッターでもフェイスブックでもなんでもいい。書き込む場所はいくらでもある。ただ書けばいいだけだ。

だが、プロのジャーナリストは「ただ書けばいい」ではすまない。書いて、それによって報酬を得て、暮らしていく。仕組みはどうあれ、お金を払って読んだり見たりしてくれる一定の読者、視聴者を獲得しなければならないのだ。

そのことを読者、視聴者の側に立って考えると、ジャーナリストがプロであり続けられるかどうかは、ジャーナリスト自身で決められるわけではない。読者と視聴者が支持してくれなければ、結局のところ廃業を迫られる。それは、他のどんな職業とも同じである。読者、視聴者が見向きもしない内容なら、あっという間にプロではいられなくなる。イニシアティブの片方は読者、視聴者が握っている。

これはまったく当たり前の話なのだが、多くの職業ジャーナリストが忘れかけている点なのではないか。とりわけ大新聞社に勤めるサラリーマン記者たちだ。何を隠そう、私自身がそうだった。現役の取材記者時代、記事を書くのに読者のことを考えたことはほとんどなかった。

読者は何を求めているのか、何を知りたがっているのか、そこを真剣に考えたことはなかったのである。

私の頭にあったのは、まずライバルの他社だ。他社が何を書くか、それより少しでも深く突っ込んだ記事にしたかった。それから取材相手だ。これを書いたら、私が取材した官僚はどう思うか。「よく書いてくれた」とほめてくれるか、それとも逆に、烈火のごとく怒り出すか。もちろん、相手が怒り出すような記事は書きたくなかった。そんな記事を書いたら、二度と取材できなくなってしまう。

それから、デスクである。この記事の素晴らしさをちゃんと理解してくれるか。そのうえで大きな記事になるよう、整理部にかけあってくれるかどうか。記事の大小を決めるのは整理部の仕事である。デスクは最初の関門だった。

それから同僚である。「どうだ、見たか」「オレの記事はすごいだろ」と胸を張って自慢したかった。べつに出世したかったわけではない。同じ仕事をしている同僚や他社のライバルたちを「あっ」と言わせてみたかった。それだけだ。

つまり「読者の存在」はほとんど私の頭になかったのだ。

20年前くらいまでは、それで何の問題もなかった。メディアとはすなわちマスコミであり、特別な閉鎖的存在であるマスコミ以外のメディアはなかった。ジャーナリストとはマスコミに情報発信できる特別な存在だった。読者の側は黙って、そんな特別な存在を受け入れる以外に選択肢はなかった。

新聞社は互いに読者獲得競争をしていても、それは「マスコミという閉鎖空間内での生存競争」であって、新聞社の内側で働いている記者たちは会社が存続する限り、読者のことを考えなくても大きな問題にならなかった。マスコミ全体が世間に許された特権階級だったのである。

だが、いまは違う。メディアもジャーナリズムも広く一般に開放されてしまった結果、情報伝達ルートは格段に広がり、情報を世間に発表しただけでは、だれも感心して自動的にお金を払ってはくれない。「なるほど、この情報は自分にとって意味がある」と納得しなければ、お金を払うインセンティブはないのだ。

それで何も困らないのは、本書の冒頭に書いたように、オリンピック東京招致決定の翌朝、新聞が発行されていなくても、みんな平気だったことで見事に証明されてしまった。

逆に言えば「この情報は私にとって意味がある」と読者が納得して、お金を払ってくれさえすれば、だれもがプロのジャーナリストになれる。情報の発信が「仕事」になる。なんらかの報酬を手にするカリスマ・ブロガーと呼ばれる人たちはたくさんいる。

だからこそ、ジャーナリズムやジャーナリストの自立とは結局、読者や視聴者の支持があるかどうか、なのだ。これは原理の問題である。政治家もそうだろう。国民が支持してくれなければ、何を言っても結局、議員バッジを失うだけだ。

読者、視聴者が興味をもたず見向きもしない話をいくら書いてみたところで、それは報酬に結びつかない。単なる自己満足にとどまるだろう。それなら報酬を期待しないブログやツイッター、フェイスブックに書けばいい。

新聞は読者に目を向けているか

ジャーナリストを職業として続けていると、必ず迷う瞬間がある。「これを書いたら（言ったら）ヤバイのでは……」と思うときだ。私自身、もちろん何度も経験している。権力とぶつかる、会社とぶつかる、上司、同僚とぶつかる、同業者とぶつかる。そんな瞬間である。そういうとき、自分を支えるものは何なのか。

私は無鉄砲なところがあって、ときどき怖いもの知らずで突っ込んでしまう。後先もよく考えず、そのときの直感で「行くか行かないか」を判断してしまうのだ　それでよく生き延びてきたと思うが、いまになって気がついた。私の仕事を支えてくれていたのは結局のところ、読者、視聴者なのだ。もしも、私が無鉄砲なだけでデタラメな仕事ばかりしていたら、必ず読者、視聴者は離れていき、やがて私の仕事は終わったに違いない。

だから自分を支持してくれる読者、視聴者がいるのは、本当にありがたい。自分のすべてを支えてくれていると言ってもいい。それくらい、ジャーナリズムとかジャーナリストという仕事は毎日、真剣勝負で読者、視聴者に向き合っていく世界である。

マスコミの世界で定年を迎えた記者のほとんどは「職業としてのジャーナリズム」から去

っていく。そのとき、それまで名刺1枚を手に、大きな顔をして世間を歩いてきた記者たちは、「読者、視聴者がお金を払ってくれたのは会社に対してであって、自分に対してではなかった」という現実を、身をもって知るはめになる。

だから「ジャーナリストの自立」とは、すなわち読者、視聴者の支持を得て自分自身の力で食べていけるかどうか、という問題である。

では、ジャーナリズムを事業として営む新聞社やテレビ局はどうか。いつまで社員ジャーナリストに給料を払い続けることができるのか。それも原理的には同じである。すなわち、読者や視聴者が支持してくれるかどうかにかかっている。

とりわけ、情報の紙への印刷というオールド技術の塊である新聞は部数減という現実に直面している。日本新聞協会によれば、2000年に全国で5370万部を誇った発行部数が2012年には4778万部にまで落ち込んでしまった。約11%の減少である。

テレビはネット技術を取り入れるのも可能だが、新聞はそうもいかない。それだけハンディがある。一方で「読者主導の簡単な一覧性」という、他にはない圧倒的な強みがある。私はテレビ・ニュースも見るが、たいてい同時に新聞も開いている。テレビが伝えるニュースを待たなくても、自分でページをめくれば、あっという間にニュースを一覧できるからだ。

新聞は読者に目を向けているか。東京五輪が決まっても、新聞を発行しないで平気でいられる新聞は「読者のことを考えている」と本気で言えるか。記者たちは読者のニーズを最優先で考えているか。「読者が何を面白いと思うか」を徹底的に考えているか。

読者、視聴者を抜きにジャーナリズムは成立しない。２０２０年を前に、とりわけ新聞は自己革新を迫られている。

注釈

＊1 http://www.yomiuri.co.jp/national/news/20130909-OYT1T00401.htm

＊2 http://jp.reuters.com/article/topNews/idJPTYE85R03I20120628

＊3 若田部の議論については『もうダマされないための経済学講義』（光文社新書、２０１２年）、『本当の経済の話をしよう』（栗原裕一郎との共著、ちくま新書、２０１２年）を参照

＊4 たとえば「『ＴＰＰ参加』賛成派からの警告」「Ｖｏｉｃｅ」２０１２年1月号、あるいは、http://gendai.ismedia.jp/articles/-/25188など

＊5 「週刊ポスト」２０１２年9月14日号

＊6 たとえば『金融政策の経済学』（日本経済新聞社、１９９３年）

＊7 http://www.mof.go.jp/budget/fiscal_condition/related_data/sy014_2409.pdf

＊8 たとえばhttp://gendai.ismedia.jp/articles/-/35852

＊9 http://www5.cao.go.jp/keizai3/econome/h24chuuchouki8.pdf

＊10 財務省資料はhttp://www.mof.go.jp/budget/fiscal_condition/related_data/sy014_2409.pdf

＊11 財務省資料はhttp://www.mof.go.jp/budget/fiscal_condition/related_data/sy014_25_04.pdf

＊12 枝野幸男『叩かれても言わねばならないこと。』（東洋経済新報社、２０１２年）

＊13 「現代ビジネス」コラム、http://gendai.ismedia.jp/articles/-/35920

＊14 「現代ビジネス」の２０１３年4月26日公開コラム（http://gendai.ismedia.jp/articles/-/35630）や7月19日公開コラム（http://gendai.ismedia.jp/articles/-/36472）、5月6日付東京新聞コラム「私説」（http://www.tokyo-np.co.jp/article/column/ronsetu/CK2013050602000133.html）

*15 http://www.shugiin.go.jp/itdb_annai.nsf/html/statics/osirase/kaikei-kakumoku-toku.pdf/ $File/kaikei-kakumoku-toku.pdf
*16 http://www.reconstruction.go.jp/topics/tousho.pdf
*17 http://www.meti.go.jp/main/yosan2011/20111025-7.pdf
*18 http://www.kantei.go.jp/jp/kakugikettei/2009/1023yosanhensei.pdf
*19 http://www.cao.go.jp/sasshin/review/pdf/h23torikumitokadai.pdf
*20 http://www.recovery.gov/Pages/default.aspx
*21 http://setsuden.yahoo.co.jp/tokyo/use/
*22 http://www.tepco.co.jp/forecast/index-j.html
*23 http://www.naver.jp/radiation（現在は削除）
*24 http://radiation.yahoo.co.jp
*25 http://www.slideshare.net/energy/radiation-monitoring-data-from-fukushima-area-march-22-2011
*26 http://anzn.net/tokyo/safety/index.html
*27 http://www.kantei.go.jp/jp/singi/it2/densi/dai4/sankou8.pdf
*28 http://d.hatena.ne.jp/jcej/20120802/1343919405
*29 http://www.facebook.com/JCEJinfo?sk=info
*30 http://projects.propublica.org/schools/
*31 http://www.propublica.org/about/
*32 http://www.bengo4.com

長谷川幸洋（はせがわ・ゆきひろ）

1953年千葉県生まれ。慶應義塾大学経済学部卒。1977年に中日新聞社入社。東京本社（東京新聞）経済部勤務、ジョンズホプキンス大学高等国際問題研究大学院（SAIS）、ブリュッセル支局長などを経て、現在は東京新聞・中日新聞論説副主幹。2005年から2008年まで財政制度等審議会臨時委員、2006年から2009年まで政府税制調査会委員、2013年より規制改革会議委員。著書に『官僚との死闘七〇〇日』『日本国の正体』（山本七平賞）『官邸敗北』『経済危機の読み方』『政府はこうして国民を騙す』（以上、講談社）などがある。テレビ朝日系列「朝まで生テレビ！」「ビートたけしのTVタックル」、BS朝日「激論！クロスファイア」などのテレビ番組に出演。「週刊ポスト」などの雑誌、「現代ビジネス」などのウェブメディアに連載記事を執筆。

2020年新聞《ねんしんぶん》は生《い》き残《のこ》れるか

2013年11月27日　第１刷発行

著　者　長《は》谷《せ》川《がわ》幸《ゆき》洋《ひろ》

発行者　鈴木 哲

発行所　株式会社 講談社

東京都文京区音羽2-12-21　〒112-8001

電話　出版部 (03)5395-3522

販売部 (03)5395-3622

業務部 (03)5395-3615

印刷所　慶昌堂印刷株式会社

製本所　株式会社国宝社

ISBN978-4-06-218694-0　N.D.C.070　230p　19cm